艺术体育
高校学术研究论著丛刊

健康体适能知识促进大学生体力活动的机理研究

陈华卫 著

中国书籍出版社
China Book Press

图书在版编目 (CIP) 数据

健康体适能知识促进大学生体力活动的机理研究 / 陈华卫著 . -- 北京 : 中国书籍出版社 , 2020.12
ISBN 978-7-5068-8211-8

Ⅰ.①健… Ⅱ.①陈… Ⅲ.①大学生 – 体育锻炼 – 适应能力 – 研究 Ⅳ.① G806

中国版本图书馆 CIP 数据核字（2020）第 248186 号

健康体适能知识促进大学生体力活动的机理研究

陈华卫 著

丛书策划	谭　鹏　武　斌
责任编辑	杨铠瑞
责任印制	孙马飞　马　芝
封面设计	东方美迪
出版发行	中国书籍出版社
地　　址	北京市丰台区三路居路 97 号（邮编：100073）
电　　话	（010）52257143（总编室）　（010）52257140（发行部）
电子邮箱	eo@chinabp.com.cn
经　　销	全国新华书店
印　　厂	三河市德贤弘印务有限公司
开　　本	710 毫米 × 1000 毫米 1/16
字　　数	227 千字
印　　张	16.25
版　　次	2022 年 7 月第 1 版
印　　次	2022 年 7 月第 1 次印刷
书　　号	ISBN 978-7-5068-8211-8
定　　价	82.00 元

版权所有　翻印必究

目 录

第一章　健康体适能概念解读及相关关系……………………1
　　第一节　健康体适能的概念……………………………1
　　第二节　体能的概念……………………………………5
　　第三节　体质的概念……………………………………12
　　第四节　健康体适能、体能与体质的区别与联系………14

第二章　体力活动与健康体适能的关系辨析………………21
　　第一节　体力活动概述…………………………………21
　　第二节　体力活动与健康体适能的关系………………23
　　第三节　青少年体力活动影响因素分析………………31
　　第四节　青少年体力活动促进的理论基础……………39

第三章　健康体适能理论基础及其发展透视………………46
　　第一节　健康体适能跨学科理论基础…………………46
　　第二节　健康体适能构成要素…………………………58
　　第三节　健康体适能发展现状与趋势…………………77

第四章　健康体适能知识促进大学生体力活动
　　　　参与长效性的理论路径诠释………………………81
　　第一节　健康体适能知识与大学生体力
　　　　　　活动的关系辨析………………………………81
　　第二节　健康体适能知识促进大学生体力
　　　　　　活动的理论模型………………………………85

第三节　健康体适能知识促进大学生体力
　　　　　　活动的路径探索……………………………… 90

第五章　大学生健康体适能的测量与评价……………… 106
　　第一节　健康体适能测试项目…………………… 106
　　第二节　心肺耐力测评…………………………… 108
　　第三节　身体脂肪测评…………………………… 114
　　第四节　肌适能测评……………………………… 120
　　第五节　平衡适能测评…………………………… 130
　　第六节　柔韧适能测评…………………………… 133

第六章　健康体适能与大学生体力活动参与的科学保健… 139
　　第一节　科学膳食与运动营养补充……………… 139
　　第二节　运动伤病的预防与处理………………… 155
　　第三节　运动疲劳与恢复………………………… 170

第七章　健康体适能促进大学生体力活动的科学训练手段… 179
　　第一节　肌肉适能及训练………………………… 179
　　第二节　心血管适能及训练……………………… 190
　　第三节　柔韧适能及训练………………………… 195
　　第四节　平衡适能及训练………………………… 203

第八章　健康体适能促进大学生体力活动的运动处方
　　　　　设计与应用………………………………… 208
　　第一节　运动处方概述…………………………… 208
　　第二节　青少年健身运动处方的设计与应用…… 217
　　第三节　治疗性运动处方的设计与应用………… 227

参考文献……………………………………………………… 251

第一章　健康体适能概念解读及相关关系

当前,人们对健康的重视程度越来越高,自身的健康意识也逐渐建立起来,在这样的形势下,健康体适能作为一项新的概念,进入人们的视野中。目前,对健康体适能的研究还相对较少,我们要对此有全面、深入的了解与认识,就需要对与其相关的一些概念加以了解,比如,与健康体适能相关的体能、体质等以及相互之间的关系,这些是本章的主要内容,也是深入了解健康体适能的重要基础。

第一节　健康体适能的概念

一、健康体适能的提出

人体的健康体适能水平的高低,通常是通过体适能这一标准来进行衡量的。"体适能"的概念,最早是从西方运动生理学界中来的,其是作为运动训练新思想的一个指导性的概念而存在的。

最早,在1987年的时候,健康体适能被提出,当时,美国健康体育娱乐协会(以下简称AAHPERD)提出一项旨在建立一个能协助体育教师帮助青少年儿童理解终生体育活动的价值、意义,并养成健康行为习惯的教育计划,即健康体适能教育计划。

体适能是由很多部分构成的,而健康体适能只是其中的一个分支。关于健康体适能,很多人都有自己的理解和观点,较为具有代表性的有以下几个。

（1）郭静对健康体适能的理解为：人们拥有维持基本的身体健康，并提高工作、学习和生活的效率的能力，包括心血管适能、身体成分、肌肉适能和柔韧适能。

（2）贺新家、伊彦丽和葛军焱提出的健康体适能的观点为：身体适能是社会适能和心理适能的重要基础，构成健康体适能之全貌，引导人们保持有余力的健康生活，并借助相关指标进行健康体适能综合监测，包括心肺耐力适能、身体的柔韧度、身体不同部位的成分、肌肉力量、不同部位的肌肉耐受力。

（3）王宇将健康体适能理解为：直接与个体从事日常生活和工作的能力有关的体适能，包括心肺机能、身体成分和肌肉骨骼系统机能。

（4）崔甲甲对健康体适能的认识则为：与身体健康水平密切相关的体适能要素，主要包括心血管适能、肌肉适能、柔韧适能、体脂百分比。

上述这些对健康体适能的理解和观点，是在不同的时间内提出的，因此可以得知，在不同时期，人们对健康体适能概念的解释是有所差别的，但是，它们之间也存在一致性，主要反映在其核心观点上，具体为：健康体适能是指个人除了足以应付日常生活工作，身体不感觉太累，还有闲暇时间享受休闲和应对意外事件的能力，主要包括四个方面：心肺适能、肌肉适能、柔韧性、身体成分。[①]

二、健康与体适能分析

为了更好地理解健康体适能，这里对其进行分解分析，即对健康与体适能进行分析。

---

① 韩梦梦. 健康体适能引入健美操教学中的实验研究 [D]. 大庆：东北石油大学，2019.

第一章　健康体适能概念解读及相关关系

（一）健康

世界卫生组织（WHO）对健康的定义为：健康是指在身体、心理及社会各方面都完美的状态，其中包括没有疾病和虚弱，但不仅限于此。

近年来，随着人们健康意识的不断提高，健康的概念也得到了进一步的细化，具体理解如下。

1. 躯体健康

躯体健康是指身体各系统、内脏及各器官保持正常的功能。

2. 心智健康

心智健康是指思维清晰且有条理。

3. 情绪健康

情绪健康是指在个人情感认知及感情表达方面能够做到恰当得体，同时，还能在面对压力、紧张及焦虑时有积极的状态。

4. 社会健康

社会健康是指能将人与人之间的良好关系建立起来，并加以有效维持。

5. 心灵健康

心灵健康是指心境平静，有个人的信念或信仰。

6. 职业健康

职业健康是指具有发挥专长，且能为社会作出贡献的敬业精神。

（二）体适能

通常，可以将体适能理解为个人除足以胜任日常工作外，还能有余力享受休闲以及能够应付压力与突如其来的变化的身体适应能力。

其实,"体适能"通常是作为行政及学术用语而存在的,其与"体能"是有所区别的,因为"体能"通常指的是实用及实际操作用语。可以说,"体能"是运动训练用语,"体适能"则是身体适应外界环境能力的简称。[①]

一般地,人们会将体适能理解为是全身适应性的一部分,是人类精神与身体对于现代生活的适应能力。但是,也有一部分人提出了不同的观点,即认为体适能的内容包括体格、各内脏器官的工作效率及运动适应能力。

体适能的类别范畴见图1-1。

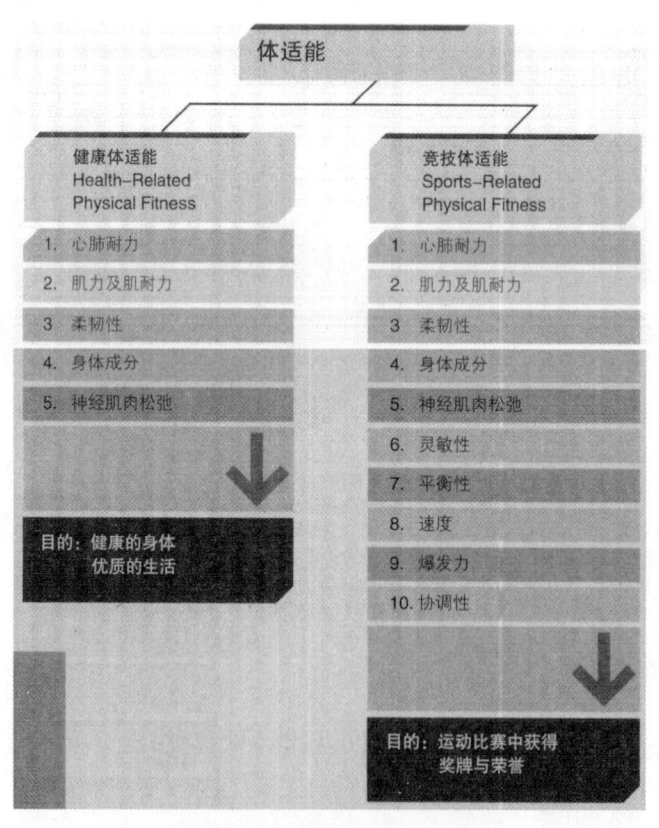

图1-1 体适能的类别与范畴

① 沈剑威,阮伯仁.体适能基础理论[M].北京:人民体育出版社,2008:25.

三、健康体适能的要素分析

（一）身体成分

身体成分即人体内各种组成成分的百分比，身体成分保持在一个正常百分比范围对预防某些慢性病（如糖尿病、高血压、动脉硬化等）有重要意义。[①]也可以将其理解为身体瘦体重与身体脂肪相对比例。

（二）肌力和肌肉耐力

肌力是肌肉所能产生的最大力量，肌肉耐力是肌肉持续收缩的能力，是机体正常工作的基础。

（三）心肺耐力

心肺耐力又称有氧耐力，是机体持久工作的基础，是心、肺及循环系统能够有效地为肌肉提供足够的氧气及养分，并且带走留在肌肉中的废物的能力。

（四）柔韧素质

柔韧素质是指在无疼痛的情况下，身体各关节能有效地活动到最大范围的能力。它对于保持人体运动能力，防止运动损伤有重要意义。

第二节 体能的概念

一、体能的提出

体能这一概念，最早是在20世纪50年代的时候，由美国健

---

① 赵曼芬. 中学教师健康体适能与锻炼状况实证研究 [D]. 苏州：苏州大学，2016.

康体育娱乐协会（AAHPERD）首先使用的,后来,随着人们认识能力的不断增强,对体能的理解也不断发展,从不同角度对体能加以分析和理解。

(一)国外对体能的理解

国外学者对体能的理解中,普遍存在的观点为:身体适应生活、活动与环境(如温度、气候变化或病毒等因素)的综合能力。它包括健康体能和运动体能。

(二)国内对体能的认识

国内学者对"体能"的理解也是各不相同的。

1996年版的全国体育院校通用教材《体育理论》,对体能的理解为:体能是体质的一部分,是指人体各器官系统的机能在肌肉活动中表现出来的能力。体能包括身体素质和身体基本活动能力,其中,走、跑、跳、投、攀登、爬越、举起重物等都属于体能的范畴。

2000年出版的体育院校通用教材《运动训练学》中,则将"体能"理解为:运动员体能指运动员机体的基本运动能力,是运动员竞技能力的重要构成部分。并且认为运动员的体能发展水平是由其身体形态、身体机能及运动素质构成的。这个定义认为体能是基本运动能力。[1]

(三)国内外对体能认知的差别

从上述这些对体能概念的不同理解中可以看出,不同人对体能概念的理解是不同的。通过总结,可以将对体能概念产生影响的关系归纳为以下三点。

---

[1] 蔡立健.人体平衡能力与体能训练[M].长春:吉林文史出版社,2017:32.

第一章　健康体适能概念解读及相关关系

（1）体能与运动素质的关系。

（2）体能与适应能力的关系。

（3）体能与心理要素的关系。

以上述三种关系和各类对体能概念的不同表述，可以将关于体能概念的观点分为四类：即专项耐力论、机能能力论、身体基本运动能力、大小体能论。我们可以参考这些观点来对体能有更加正确和完整的理解与认识。

这里所说的体能，是指人体各器官系统的机能在大脑控制下的身体（肌肉）和心理（神经）活动中所表现出来的主动与被动的能力，包括力量、速度、耐力、灵敏、柔韧和协调等基本的身体素质，以及人体对环境的适应，对心理障碍的挑战、调适与控制的综合能力（图1-2）。[①] 体能是体质的重要组成方面，其发展程度也是衡量体质水平的重要指标。

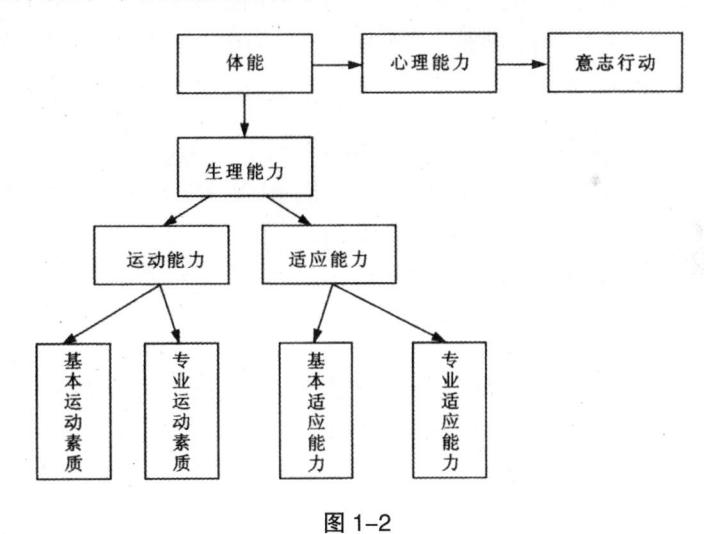

图1-2

---

① 蔡立健.人体平衡能力与体能训练[M].长春：吉林文史出版社，2017：32.

二、体能的内容

(一)对体能内容的不同理解

1. 国际上对体能内容的理解

由于种族、文化、国别的差异,各国体能研究者根据体能的各项要素,设计了各式各样的检测方式,造成研究与比较上的困难,因此国际科学会议(CISS)运动医学委员会于1964年在东京奥运会上组建了国际体能测验标准化委员会,以拟定体能检测的内容与方法,作为各国进行体能检测的参考。在健康体能被单独提出并强调其重要性之前,国际上有关体能的检测主要以国际身体健康测试标准化委员会(ICSPFT)的标准为基础。国际体能标准化委员会制定了标准体能测试的六大内容。即身体资源调查、运动经历调查、医学调查与测验、生理学测验、体格和身体组织测验、运动能力测验。对此,德国学者拉逊提出了构成体能的十大要素:对疾病的抵抗能力、肌力、肌爆发力、柔韧性、速度、敏捷性、协调性、平衡性、技巧性和心肺耐力。

2. 我国对体能内容的理解

我国专家学者普遍认为,体能训练的内容包括运动素质训练、身体机能训练和专项所需的身体形态训练等。

(二)体能内容的构成

体能的内容由生理能力和心理能力构成。

1. 生理能力

生理能力分为运动能力和非运动能力。其中,运动能力的构成要素有心肺耐力能力、力量能力、速度能力、耐力能力、柔韧能力、灵敏能力和协调能力。非运动能力则主要是指环境适应能力。

（1）运动能力

①心肺耐力能力

人体心血管系统和呼吸系统摄入、运送、吸收利用氧气，进行新陈代谢，产生能量的能力，就是所谓的心肺耐力能力。

在整个健康体适能中，心肺耐力素质是作为最重要的要素之一而存在的。从机能上讲，能够对心肺耐力素质产生影响的因素有人体的心血管系统、呼吸系统的机能。在相对安静状态下，绝大多数人的心肺功能都能够适应安静状态时机体的需要，但是，如果体力负荷增加，那么，就能反映出心肺耐力的个体差异，并且这种差异化是非常显著的。

通常，会采用运动负荷试验的方法来测定心肺耐力素质，通过观察，来了解完成定量负荷所需要的时间、负荷后心肺功能的反应，以及固定时间，人能完成的运动负荷量的大小。以试验结果为依据，在遵循客观原则的基础上就能有效评价心肺耐力的水平了。

②力量能力

人体完成一切日常生活活动、体力劳动和体育活动的基础，为健康体适能的重要内容之一，就是力量能力。

要对人体肌肉能力进行测试，采用的方法主要有两种：一种是通过对肌肉一次用力收缩时所能产生的最大力量进行测定的方法来对肌肉最大力量进行测定；另一种是通过对肌肉在相当大的负荷下，能够重复收缩的次数或能够持续的时间的测定方法，以来对肌肉的力量耐力为主进行测定。

③速度能力

人体快速运动的能力，就是所谓的速度能力。速度能力的内容主要有三个方面：即人体快速完成动作的能力和对外界信号刺激快速反应的能力，以及快速位移的能力，也就是所谓的动作速度（人体或人体某一部分快速完成某一动作的能力）、反应速度（人体对各种信号刺激快速应答的能力）和移动速度（人体在特定方向位移的速度)。在测评速度能力时,也会采取相应的测评方法来分别对这三个方面进行测定和评价。

④耐力能力

人体坚持长时间运动的能力,就是所谓的耐力能力。

通常,可以以人体的生理系统为依据,将耐力素质分为肌肉耐力和心血管耐力。其中,肌肉耐力也称力量耐力,心血管耐力则又可以进行进一步的划分,分为有氧耐力(机体在氧气供应比较充足的情况下,能坚持长时间工作的能力)和无氧耐力(机体以无氧代谢为主要供能形式,坚持较长时间工作的能力)。

在测定耐力能力时,要根据不同耐力素质进行相应的评定。比如,有氧耐力的评定及其负荷量度评定;糖酵解无氧代谢功能的无氧耐力的评定与训练负荷量度的确定。

⑤柔韧能力

人体关节在不同方向的运动能力以及肌肉、韧带等软组织的伸展能力,就是所谓的柔韧能力。通常,可以将柔韧素质分为一般柔韧素质和专门柔韧素质。

在健康体适能的众多组成因素中,身体的柔韧性素质是公认的要素之一。柔韧性素质的高低,与很多因素有关,主要的有人体关节活动幅度的大小,以及跨过关节的韧带、肌腱、肌肉等的延展性。

目前,对柔韧素质的测评,已经将各种对关节活动范围进行测量作为普遍采用的专门性方法和途径,但是,这些方法对仪器和专业性要求较高,因此,一些简单易行的方法是非常有必要掌握的,实用价值也非常高。一般地,可以通过评价躯干和下肢柔韧性的坐位体前屈试验,肩关节活动的持棍转肩、双手背勾试验,以及躯干旋转活动性的臂夹棍转体试验等来对柔韧素质进行测定和评价。

⑥灵敏能力

在各种突然变换的条件下,运动员能够迅速、准确、协调地改变身体的空间位置和运动方向,以适应外部环境变化的能力,就是所谓的灵敏能力。

通常,可以将灵敏素质分为一般灵敏素质和专门灵敏素质。

灵敏素质的测评方法主要有:在跑、跳中迅速做出的各种动作、各种调整身体方位的练习、专门设计的各种复杂多变的练习、各种改变方向的追逐性游戏中对信号做出复杂应对。

⑦协调能力

人体在运动中,身体各器官系统、各运动部位配合一致,完成动作的能力,就是所谓的协调能力。需要强调的是,协调能力作为一种运动素质,其与力量、速度、柔韧等这些不同,它不是一种单纯的运动素质,其与锻炼者的各个方面都有着非常密切的关联性,比如,各器官的功能、各运动素质、心理品质和个性特征以及技能储备等,可以说,协调能力是各种能力的综合表现。

从运动学的角度来看,通常将协调性看作是机体运用两三种运动形式完成一个特定的运动目的的能力。一系列复杂的活动都会涉及协调性,从简单意义上来说,这些活动包括感官对输入产生反应,然后从所学的技能中处理并选择适当的运动程序,最后执行动作。人脑在千分之一秒内对输入的信息进行预测、评价和调整。

(2)非运动能力

这里所说的非运动能力主要是指环境适应能力。

能够刺激人体各器官机能发生变化的因素有很多,运动只是众多刺激因素中的一个方面。人体不运动时,外部环境也能使身体器官的机能发生变化。如,当人们乘坐车、船、飞机、飞船、火箭等工具时,处于缺氧、超重、失重等情况时,气候骤变、工作和生活环境变化时,身体机能都发生不同程度的变化。[1]人体在乘船时会感到眩晕恶心,尤其是波浪大的时候,但如果坐的次数多了,这种眩晕的感觉就会弱些,身体也就具备了抗眩晕的能力。由此可见,这种适应工作环境和自然环境的能力就是所谓的适应能力,其是体能的内涵之一,它与运动素质组成体能的生理要素。

---

[1] 谭成清,李艳翎.体能训练[M].长沙:湖南师范大学出版社,2012:25.

2. 心理能力

心理能力主要是指心理调适与控制能力。

体能是人体在大脑控制下肌肉的活动能力,这所反映出来的就是心理调适与控制能力。由此可见,心理素质是体能的重要组成部分。

从辩证唯物主义的角度出发,身心之间是密切相关的,是不可分的,两者之间相互影响、相互制约。体能作为一个开放的系统,其会不可避免地受到外界因素的影响,而这种外部影响就会涉及对生理和心理的影响。其中,心理影响因素主要是指竞技比赛中,观众的欢呼声等非自然因素,这些因素通过人体本身特有的情感体验调节人身体的生理机能。因此体能表现应该包括心理因素,而心理因素变化要通过意志力才会对生理的变化产生影响。行动可以通过意志来加以调节,具体采用的调节手段有两种:发动和抑制。

第三节 体质的概念

一、体质的概念界定

体质,简单来说,就是人体的质量,进一步分析,可以将其理解为是人体在先天的遗传性和后天的获得性基础上所表现出来的形态结构、生理功能、心理发展、身体素质、运动能力等方面综合的、相对稳定的特征。

二、体质的内容与影响因素

(一)体质的内容

体质所包含的内容是非常丰富的,主要的有人体的体格、体能、生理机能、适应能力和精神状态等内容的发展水平。

（二）体质的影响因素

对体质产生影响的因素有很多,其中,起到决定性影响的因素,可以大致归纳为两个方面。

1. 先天的遗传性

主要是指人体生长发育变化的先决条件。其中,受先天遗传影响较大的因素有:相貌肤色、形态结构、身体素质、性格特征等。

2. 后天的获得性

主要是指地区气候、社会环境、劳动条件、体育锻炼、营养状况、医疗卫生及保健等构成人体发展变化的后天条件。

通过对体质的分析得知,体质是人的生命活动和工作能力乃至延年益寿的物质基础,体质强健则是人体基本活动能力的起码条件。

三、体质的科学内涵

（1）人本身就是作为一个统一的、相互密切协调的有机整体而存在的。而体质则是该整体各种能力的一种综合体现。具体来说,可以将其理解为是人们学习、生活和工作的物质基础,是社会和经济发展的一种重要潜能。

（2）体质在身心两个方面发生、发展过程中的密切联系,从本质上来说,其与动物是有较大区别的。

（3）不仅对遗传因素的作用进行了强调,同时也对后天因素塑造的重要性进行了强调。不同种族、民族、地域以及不同性别、年龄的人群和个体,其体质发展既有规律性,又有特殊性,不应是完全相同的形式。

（4）强调要在综合考虑的基础上来对体质状况加以评价。

（5）强调的重点有二：一个是身体素质和运动能力是体格发育与生理功能的外在表现；一个是科学合理的锻炼对促进体格发育和生理功能的能动效应。某种意义上，其在促进群众体育活动的开展和促进全民健身事业的发展方面意义重大。

（6）在社会进步和科技发展的推动下，再加上人们认识水平的提高，体质的概念及范畴逐渐完善，人们在这方面的认识与见解也越来越深入。不管在什么时候，体质概念所反映的通常只是对当时现实的概括，不是人们认识的终结，更不是真理的穷尽。因此，体质的内涵也是随着人们认识水平的不断提高而发展的。

（7）体质研究是一个复杂的系统工程。从体质的研究过程来看，是没有尽头的。从其研究领域来说，各学科纵横交错，相互之间有着非常紧密的联系。所以，一定要对体质实行跨学科、跨专业、跨区域的综合研究。然而这里还要强调，也并不排除在某些课题上进行单一学科和局部范围内的深入研究。[①] 但应注意与其他科学的联系，应用与借鉴其他研究领域的成果及知识，避免片面性。

第四节 健康体适能、体能与体质的区别与联系

一、体质与健康体适能的对比

（一）研究内容方面

1. 体质的研究内容

体质的研究内容主要包括：身体发育水平、身体功能水平、身体素质以及运动能力水平、心理发育水平和适应能力五方面。

（1）身体发育水平，主要是指体型、营养状况、体格以及身体

---

① 刘星亮.体质健康概论[M].武汉：中国地质大学出版社，2010：42.

第一章　健康体适能概念解读及相关关系

成分等,不同年龄阶段和性别的身体发育水平标准不同,在评定时,要参照不同年龄阶段人群的骨龄、身高、体重和第二性特征发育状况等。除了先天性遗传的因素,后天或者说外环境因素也会对身体发育水平产生决定性影响。

（2）身体功能水平,主要是指机体的新陈代谢以及各器官、各系统所具有的功能。

（3）身体素质以及运动能力水平,主要是指机体的速度、力量、耐力、灵敏性、协调性,除此以外,走、跑、跳、投、攀越等身体的基本活动能力也属于这一范畴。

（4）心理发育水平,主要是指智力、情感、行为、感知觉、个性、性格和意志等方面。

（5）适应能力,是指能够对外界各种环境、压力的一种适应能力,除此之外,疾病和其他损害健康的因素的抵抗和调控能力等也属于这一范畴。[①]

2. 健康体适能的研究内容

健康体适能的研究内容涉及多个学科,其中,较为主要的有运动生理学、运动医学、体育康复等,涉及的人群也非常广泛,不同年龄阶段的人、残疾人、慢性病患者等都属于健康体适能研究的范畴,研究内容及人群广泛,测评项目简单易行,针对全民身体形态、生理机能全面的研究,对于全民健身意识、工作压力及生活压力的适应力的提高都是有帮助的。

健康体适能有多项简单易行的测试项目,主要对人体最近的身体状况进行测定和评价,其中,最主要的有五个测试项目:身体成分、心肺机能、肌肉及骨骼系统、肌肉力量、柔韧性。

由此可见,健康体适能的研究内容广泛,测试项目全面,能科学地对人的健康水平进行测评。

[①] 杨太吉.论体质与健康体适能概念及关系[J].当代体育科技,2018,8(16):178-179.

（二）测试指标分析

1. 体质的测试指标分析

体质的测试指标主要有三个，即形态指标、机能指标、体能指标，由此，能对身体的健康状况进行有效测评。

（1）形态指标

主要包括身高和体重，具体来说，其能够从整体上将人体的纵向形态指标和横向的指标反映出来。

（2）机能指标

主要是指对肺（肺活量）和心血管系统（台阶测试）的测量和评价。

（3）体能指标

测定体能的测评项目有很多种，常见的有：坐位体前屈、握力、纵跳、闭眼单脚站立、选择反应时、俯卧撑（男）、仰卧起坐（女），主要是对身体的基本素质的测评，如力量素质（握力）、速度素质和灵敏素质（反应时）等。

通过对体质的测试，能够充分反映出人们最基本的身体素质，能够使人们日常的体育锻炼的身体活动能力得到满足，体质的测评强调的重点在于身体健康水平，身体对外界各种环境的适应能力。体质的测评，对于提高人的体能，了解全面的身体健康状况，增强自我的健身锻炼意识，从而提高人们的身体素质，以及养成良好的运动习惯都是非常有利的。

2. 健康体适能测试指标分析

健康体适能测试指标，相对体质测试指标来说，对人体健康状况测量的科学、合理、人性化程度要更高一些，可以说，这是测试一个人的身体状况适应身体能力的重要指标。

目前，肌力、肌耐力、心肺功能和体质百分比是最常见的测试项目。以健康体适能的构成要素为依据，可以设计多种测试方法，如以下五种(表1-1)。

表1-1　Bouchard和Shephard的五要素健康体适能模型[①]

形态	肌肉	运动	心肺	代谢
体重\身高比值	功率	灵敏度	亚最大运动能力	葡萄糖耐受
身体成分	力量	平衡性	最大有氧功率	胰岛素敏感性
腹部脂肪	耐力	柔韧性	心脏功能	脂肪和脂蛋白代谢
皮下脂肪分布		运动速度	肺功能	代谢底物氧化特点
骨密度			血压	
柔韧度				

对于不同的人群来说，也要采用不同的健康体适能的测试指标，这是对机体健康状况重要的评估指标，从而使测试者对自己最近的身体状况有更好的了解，从而进行针对性的改善与强化。

另外，还需要注意的是，健康体适能的测评应该与心理、生理和精神等融合评估，这样，对于人全面认知自身机体的健康状况才会产生积极影响，因此，应明确健康体适能的概念及研究内容，根据实际情况，扩展测评方法及评估项目，全面提高健康体适能的理论研究。

（三）体质与健康体适能比较分析

体质与健康体适能都是人体健康水平的重要评估指标，通过这两个方面的测评，能够使测试者对自己的健康水平有充分的了解，同时，还能针对性地给出相应的运动处方或方法，使人们的身体健康水平得到提高。

体质与健康体适能的宗旨都是：以健康为目的，提高人们的健康与体育锻炼意识，推广全民健身，提高全民的健康水平。然而，在测试方面，两者是存在一定的差异性的。其中，体质测试的研究内容主要为身体形态水平以及身体机能水平，在人体的心理

[①] 杨太吉.论体质与健康体适能概念及关系[J].当代体育科技，2018，8(16)：178-179.

健康水平和机体适应能力方面没有明确的规定。健康体适能的测试则全面性较为显著,身体方面的测试、心理方面的测试都包含其中,相较于体质测试来说,健康体适能的测试在全面性、合理性、科学性方面更加显著,通过对身体及心理的测试的综合分析,评估人体应对外界环境以及工作压力等的承受能力,并作出相应的调节,以维持机体的健康水平。

体质和健康体适能都与健康有着密不可分的联系,两者的核心都是健康,从而对机体进行健康状况测评,因此可将其分解为体质、健康、体适能进行更为详细的综合分析。良好的体质为健康打下基础,使人们能够对外界环境的压力有良好的适应能力;体质是人体生命活动的物质基础,是一种质量,相当于一件物品的材料;体适能是指人体在不疲劳的状态下能够利用身体去完成工作的一种能力,其所起到的是物品的功能;这里所说的健康指的是一种精神上和身体上的一种完好的状态,是动态的。[①]健康是最重要的,健康对体适能和体质起到重要的决定性影响。然而反过来,体适能和体质的增强也能对人体的健康产生促进作用。

二、健康体适能、体能以及体质之间的联系

通过对健康体适能、体能以及体质三个概念的分析,可以发现三者之间的一些联系,下面就对此进行分析。

(一)体能与体质

体质的表现形式有很多种,比如,最主要的有身体形态的、机能的、运动能力的,尽管其现象的表现与体质之间有着非常密切的关系,但是,现象与体质之间并不是等同的关系。体质具有相对稳定性和可变性,相对稳定性主要取决于生物的遗传性,相对

---

① 杨太吉.论体质与健康体适能概念及关系[J].当代体育科技,2018,8(16):178-179.

可变性的决定性因素则是生存环境和身体机能变化等。体质好坏,是不可能用一个精确的"标准"来衡量的,尤其是只注重表面可测量的标准,用直尺和秒表来评价体质的好坏是十分片面的。[1]

人体生理机能的好坏是通过体能表现出来的,可以说,体能是身体物质做功的能力,通常,可以通过速度、力量、耐力、灵敏等身体素质和基本活动能力这些指标来进行测定,人跑得快与慢是以速度作计量的,只是体能的一个方面。

体能是体质的一个主要方面,体能是体质的前提和基础。对一个人的体能的优劣进行测评,只能将这个人的生理状况反映出来,却无法将他的体质状况完整地反映出来。

简单来说,体质包括的内容主要有:身体形态、身体机能、体能、对自然环境适应能力和对疾病的抵抗能力。

(二)体质与健康体适能

体质是一种"特征",而健康体适能则是一种"状态"。体质是身体发展长期的、相对稳定的特征,而健康体适能则表示一个人身心的完美状态,其具有显著的流动性、易变性特点。一般地,如果说一个人体质较好,是先天较好的遗传因素加上后天长期的合理运动、平衡膳食和良好的生活方式而形成的结果。[2]

从体质与健康体适能的外延来看,健康体适能内在地包含着体质好,体质好只是健康体适能的一个方面;失去了良好的体质,健康体适能就无从谈起。由此可以得知,体质是身体健康的基础。

在"健康第一"思想的指导下,学校体育的五个领域目标:运动参与、运动技能、身体健康、心理健康、社会适应,可以概括为三个方面,即身体、心理、社会适应,如果体质范畴里包括心理,那么

---

[1] 李月红,汪辉.体能、体质、健康概念、范畴及其关系研究[J].考试周刊,2009(27):176-177.
[2] 李月红,汪辉.体能、体质、健康概念、范畴及其关系研究[J].考试周刊,2009(27):176-177.

健康体适能范畴里就不用再包含心理这一方面了。因此,体质不包括心理,这个逻辑和层次至少在学校体育中是正确的。

（三）体能、体质、健康体适能之间的层次关系

依据上述对三者关系的定性分析,可以将三者的层次关系大致归纳为图1-3。

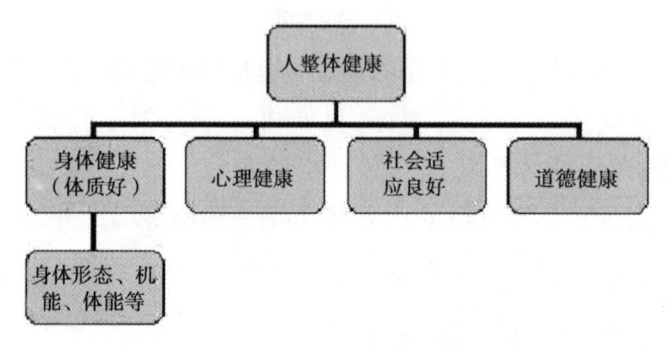

图1-3

从上图中可以看出,体能、体质、健康体适能三个概念是处于三个层次的,且层次逐一递增,即健康体适能包含体质,体质包含体能。

进一步分析和明确体能、体质、健康体适能这三个概念的定义、范畴、关系,能够对人们的日常规范表述产生积极的指导意义,对体育工作者在实际运用中同样具有参考意义。

第二章 体力活动与健康体适能的关系辨析

体力活动与我们通常所说的体育锻炼有着一定的区别,体力活动的范围要更加宽泛,它主要涉及人们的日常生产劳动、生活行为、各种体育锻炼活动等。这些活动都是建立在身体活动的基础上的。经常参加这些体力活动对人的健康体适能具有非常重要的影响,这已是被大量的实践证明了的事实。本章重点研究与分析体力活动与健康体适能之间的关系。

第一节 体力活动概述

一、体力活动的概念与分类

（一）体力活动的概念

伴随着社会的不断发展,人们对健康愈加重视,健康研究成为一个热门的研究领域。在健康研究领域,体力活动是一项非常重要的内容。关于体力活动的概念,不同的专家有着不同的见解。需要注意的是,体力活动与人们通常所说的体育锻炼有一定的区别,不能同日而语。体力活动泛指任何由肌肉活动引起的导致能量消耗增加的任何形式的身体运动。具体而言,主要包括生产劳动、日常生活活动、休闲活动、体育锻炼和竞技运动等多种形式的身体活动。[1]

---

[1] 王健,何玉秀.健康体适能[M].北京:高等教育出版社,2010:27.

(二)体力活动的分类

依据不同的标准,可将体力活动分为不同的种类,一般情况下,主要有以下几个类型。

第一,依据人体肌肉活动的力学特点分类,可将体力活动分为静力性活动和动力性活动。

第二,依据肌肉活动的代谢特点分类,可将体力活动分为有氧性活动和无氧性活动等。

第三,依据活动性质不同分类,可将体力活动分为休闲性、职业性、交通性和家务活动四大类。

以上分类是常见的体力活动的几种分类方法。在这个分类体系中,我们常见的竞技活动和运动健身锻炼通常被列为休闲性体力活动,其中,运动健身锻炼特指那些"有计划、有结构、重复性的旨在保持与改善人体健康水平的体力活动",而竞技活动则泛指那些具有商品属性的职业体育活动。尽管这两种活动的目的不同,但都属于体力活动的重要内容。

二、体力活动的测量内容

为保证人们体力活动的科学性,进行体力活动的测量是非常有必要的。关于体力活动的测量,一般情况下,主要包括体力活动强度测量、体力活动量测量和体力活动规律性测量三方面的内容。

(1)体力活动强度测量。体力活动强度主要反映的是人们在参加体力活动时的剧烈程度,它是评价人体健康和运动水平的一个非常重要的指标。

(2)体力活动量测量。体力活动量与体育活动强度是相对的,它主要反映的是人们参加体力活动的总量,主要涉及活动的时间与活动的次数两方面。在进行测量的过程中,这两方面缺一不可。测量体力活动的量主要包括客观检测与问卷调查两种方

第二章 体力活动与健康体适能的关系辨析

法。这两种方法各有优势与特点,可以结合起来使用。

(3)体力活动规律性测量。这一测量主要反映的是人们参加体力活动的持续性和稳定性。它也属于体力活动测量的重要组成部分。这一测量也是必不可少的,通过这一测量得出的结果能很好地评测人们的体力活动行为。

第二节 体力活动与健康体适能的关系

一、体力活动对心血管适能的增强

在人体体适能健康发展与管理中,心血管适能是非常重要的内容。其发展对人体健康起到非常重要的影响。心血管适能可以说直接反映了由心、肺、血管和血液组成的呼吸与血液循环系统向肌肉运送氧气和能量物质,维持机体从事运动的能力。一般情况下,心血管适能较好的人耐力素质都比较强,有氧运动能力比不常参加体育锻炼的普通人都要高,经常参加体力活动对于人体心血管适能的增强具有非常重要的作用。

(一)心血管系统概述

人体的心血管系统与循环系统和呼吸系统之间有着非常密切的联系。心血管系统负责把氧气和营养物质运输到组织,同时把代谢废物排出体外。人们在平时的生活中,少不了体力活动,参加各种各样的体力活动,人体的骨骼肌代谢会得到一定程度的增强,人体的需氧量也会大大增加,通过机体的各项活动,人的心肺耐力水平也能得到极大的提升。

1. 心血管系统与循环系统

在人体的各项机能系统中,循环系统可以说是由心脏和血管组成的重要管道,它承担着运送人体能量的重要任务。心脏是具有良好心血管适能的基本要素,其主要生理功能是收缩射血,推动全身的血液循环,以适应不同身体活动的需要。右心泵血通过肺,称肺循环;左心泵血通过身体各部分,并通过毛细血管与组织进行气体和营养物质的交换,交换后动脉血变为静脉血,通过静脉回流至心脏。肺循环把静脉血泵至肺,在肺部静脉血结合氧气,排出二氧化碳,重新成为动脉血并加流至左心。

　　心脏每分钟所泵出的血量称心输出量,正常成年男子安静时的心输出量约为 5 升/分,剧烈运动时可达 20 升/分,而训练良好的马拉松运动员可高达 35 ~ 40 升/分。心输出量受心率(心脏每分钟跳动的次数)和每搏输出量(心脏收缩一次的射血量)的影响。体育锻炼时,心输出量会因心率或每搏输出量的增加而增加。需要注意的是,不论是男性还是女性,最大心输出量在 20 岁以后都开始呈现出逐渐下降的趋势,这是不可避免的。

　　不同年龄人群的最大心率可由下式获得:

$$最大心率(HRmax) = 220 - 年龄(岁)$$

如 30 岁时最大心率为 190 次/分(220 - 30 = 190),50 岁时为 170 次/分(220 - 50 = 170)。

2. 心血管系统与呼吸系统

　　一般来说,人体呼吸系统的主要功能就是进行气体的交换。这是人体维持生命活动的重要保障。在吸气的过程中,空气进入肺,氧气扩散至血液,二氧化碳由血液扩散至肺并通过呼气排出体外。这就是人体呼吸系统运行的基本原理。

　　在人体呼吸系统中,有一个专业术语叫作最大摄氧量。最大摄氧量指的是人体运输和利用氧的最大能力。它是反映人体心肺功能适应能力最有效的指标。一般来说,人体在不同强度下运动所消耗的氧量是不同的,在摄氧量未达到最大摄氧量之前,摄氧量与运动强度呈线性关系,因此常用最大摄氧量的百分比(% VO_2)表示运动强度。可以说,最大摄氧量代表的是人体心肺系统输氧能力的生理极限。这一生理指标在各项生理学研究中都会频繁提及。

(二)运动中各阶段心血管功能的变化

随着运动程度的逐步深入,循环系统为满足机体运动时对氧的需求,心率的逐步加快和每搏输出量的增加使得心输出量增加,同时会减少内脏血流。心输出量的增加和血液再分配导致运动肌肉的血流量增加。在未达到最大摄氧量之前,心率同摄氧量一样,与运动强度存在一定的线性关系,即人体运动强度越大,活动时的心率就越快。这已是被大量的实践所证明了的事实。

一般情况下,人们在参加体力活动的过程中心血管系统的变化情况可以分为以下几个阶段。

1. 准备阶段

准备阶段指的是体力活动开始前的阶段,在这一阶段,尽管体力活动还未开始,有些人就已经出现心率加快的现象,心输出量不断增加,动脉血压也有一定程度的升高,这些反应都是正常的。通过运动生理学的研究可知,这些反应与人体大脑皮层活动有着密切相关的关系,其生理意义在于缩短运动时心血管系统活动进入工作状态所需的时间。因此,这一准备活动是非常有必要的,不论是参加竞技体育运动还是平时的健身锻炼,准备活动都是必不可少的一个环节。

2. 开始阶段

人们在参加体力活动后,心血管系统会发生较为明显的变化。一般情况下,在开始阶段,心血管活动在几十秒间会得到迅速的加强,3~5分钟时间后,人体心血管系统的能量达到最高值。

3. 稳定阶段

人体在经过一段时间的活动锻炼后,心血管系统能力会达到一定的水平,这时可以说就进入了一个相对稳定的阶段。这就是心血管系统发展的稳定状态。在这一阶段，人体肌肉的供氧和耗氧基本达到平衡状态，身体机能获得了良好的发展。需要注意的是，人体在参加无氧运动时，尤其是做最大无氧运动时，心血管功能可达最高水平而不再发生变化。

4. 持续运动阶段

人体运动在进入稳定阶段后，就会逐渐进入持续运动阶段，这两个阶段的界限不是十分明显。经过长时间的活动，人体体温会逐步升高，在这样的情况下，会导致血液在各器官重新分配，重新分配的主要目的在于散热。伴随着运动时间的增加，人体的心率会进一步加快，每搏输出量逐渐减少，心输出量变化不大，而动脉血压多因外周血管阻力减小而出现下降的情况。

以上是人体心血管系统在人体体力活动各个阶段的变化情况，参与体力活动的人要学习和掌握这一规律和变化，这样才能保证机体活动的有效性，并且还能有效避免运动损伤，提高活动的效率。

（三）体力活动对心血管的效应

经过长时间的体力活动后，人体心血管系统的各种形态、功能和调节能力都会发生一些适应性改变，在这样的情况下，人体健康水平就会得到一定的发展和提高。

1. 预防心脏功能衰退

大量的实践表明，经常参加各种各样的体力活动，人体心脏最大射血能力会得到进一步的提高，这样能有效预防心脏病患者心脏功能发生衰退现象。人们在参加体力活动的过程中，心肌会得到有效的锻炼，具体表现为心肌纤维逐渐变粗，收缩力逐渐增大，心搏率更加合理，运动后能得以迅速的恢复。这些都充分说明，经常参加体力活动，人体能量的利用会变得更加经济有效，因此养成经常参加体育锻炼的习惯是尤为必要的。

第二章 体力活动与健康体适能的关系辨析

一般来说,经常参加体育锻炼的人与不参加体育锻炼或较少参加体育锻炼的人,其心脏生理功能会呈现出显著的差异,二者的指标比较情况见表 2-1。

表 2-1 经常锻炼者与一般人的心脏生理指标比较

项目	一般人	经常参加锻炼者
心脏重量(克)	300	400～450
心脏容量(毫升)	765～785	1 005～1 027
心肌横断面(厘米)	11～12	13～15
安静心搏率(次/分钟)	70～80	50～65
每搏输出量(运动时)(毫升)	80～100	90～160

2. 预防冠心病

在血管方面,经常参加体力活动有助于保持血管的弹性、维持动脉血压的稳定、增大冠状动脉直径、促进侧枝的形成、改善心肌的血液循环,这样就能有效预防冠心病,对人体健康发展是非常有利的。

除此之外,经常参加体力活动还能有效调节血管收缩和舒张,促使血压出现下降,从而有效预防心血管疾病,保证人体健康发展。

3. 提高最大摄氧量

一般情况下,人体在持续 12～15 周的耐力性训练后,机体的最大吸氧量会增加大概 10%～30%。可以说,最大摄氧量的增加是骨骼肌有氧能力和心输出量共同增加的结果。

健身者在参加体育锻炼的初期,其适应水平、运动强度等会在一定程度上影响最大摄氧量增加的幅度。最大摄氧量大的锻炼者增加的幅度小于最大摄氧量小的锻炼者,造成这种现象的原因是存在最大摄氧量的生理极限,而最大摄氧量大的锻炼者比最大摄氧量小的锻炼者更接近极限。这是一个常见的规律或现象。

4. 提高血流分配能力

人体在参加体力活动时,机体血流会进行重新分配,这样的变化符合运动生理学的基本原理,具有重要的生理学意义。人体在运动的过程中,可以通过减少不直接参与运动的器官血流量,保证机体各项系统获得足够的血液,从而保证机体健康和运动的顺利进行。

5. 增加血液中红细胞、白细胞和血红蛋白含量

通常来说,人体血液中红细胞的含量男子为 450 万～550 万个/升,女子为 380 万～460 万个/升;而经常参加体育锻炼的人可达 700 万个/升,由此可见差距是比较明显的。除此之外,经常参加体育锻炼的人,机体白细胞中具有免疫力的淋巴细胞比例也要比不参加体育锻炼的人高。据调查,一般人血红蛋白含量为 600 克左右,而经常参加体育运动锻炼的人可达 800 克左右,这种状况非常有利于人体输送和供应氧气。

6. 增强呼吸系统功能

大量的实践与事实表明,经常参加体育运动锻炼能有效提高人体肺活量,促进新陈代谢水平,促使呼吸系统加快,增强呼吸肌、胸廓和呼吸器官的工作能力,这样人体可以在更大运动强度下参加各种各样的工作。

除此之外,经常参加体育运动锻炼,还能促使人体呼吸道毛细血管变得更加密实,促使上皮细胞的纤毛活动和肺内吞噬能力得到增强,这样能有效预防呼吸道疾病和感冒的发生。由此可见,经常参加各种体力活动还能有效增强人体的呼吸系统功能,促进身体的健康发展。

二、体力活动对肌肉适能的提高

肌肉适能是指骨骼肌克服和对抗阻力,以及维持身体姿势和长时间运动的能力,一般来说,人体肌肉适能主要包括肌力、肌耐力和肌肉功率等几个方面。大量的实践表明,经常参加体力活动对于人体肌肉适能的提高具有非常重要的意义和作用。

(一)肌肉适能的影响因素

研究发现,影响人体肌肉适能的因素是方方面面的,这些因素主要可以分为肌源性和神经源性因素两大类。除此之外,参与者的年龄、性别等也会对人体的肌肉适能产生一定的影响,这些影响都是通过以上两大类因素而发挥作用的。

1. 性别与年龄

通常情况下,人体肌肉力量的大小会呈现出明显的年龄和性别规律。10岁以前,人体的肌肉力量的增长会比较缓慢,男性与女性的区别不是很大。从11岁起,男性与女性之间的差别就会逐渐增大,但总体上来看,男性的增长幅度要小于女性。一般情况下,女性的最大肌肉力量在20岁左右达到高峰,而男性的高峰则在20～30岁之间。无论是男性还是女性,基本上在进入40岁以后大部分的肌肉力量开始呈现逐渐衰退的趋势,随着年龄的进一步增长,人体肌肉力量逐渐减小,这是不可避免的一个机能发展规律与趋势。总之,人体肌肉力量发展的敏感期在13～17岁之间,在此期间可以采取有效的干预手段促进人体肌肉力量的提高。

2. 肌肉的横断面积

肌肉横断面积也是影响人体肌肉力量大小的一个非常重要的因素。一般来说,肌肉的横断面积是由构成骨骼肌的肌纤维的数量和粗细来决定的。调查研究发现,在最大用力收缩条件下,人体每平方厘米横断面积的肌肉可以产生3~8千克的肌力。通常来说,人体骨骼肌最大横断面积越大,肌肉力量也就越大,二者基本上呈现出一定的正比例关系。可以说,肌肉横断面积增大了,人体肌肉力量也会得到相应的提高。

3. 中枢神经的协调能力

研究发现,人体在参加肌肉运动时,机体肌纤维的数量及其活动模式受中枢神经系统的控制和影响。中枢神经系统动员肌纤维参加收缩的能力叫作中枢驱动。人体肌肉在进行最大用力收缩时,并不是所有的肌纤维都同时参加收缩,动员参与活动的肌纤维数量越多,则收缩时产生的力越大。研究发现,缺乏训练的人只能动员肌肉中60%的肌纤维同时参加收缩,而训练水平良好的运动员肌纤维的动员可高达90%以上。

除此之外,人体各种动作的完成需要许多块肌肉共同合作来实现,而不同的肌肉群是由不同的运动中枢神经所支配而进行工作的,不同神经中枢之间的协调关系得到改善,就可以提高主动肌与对抗肌、协同肌、固定肌之间的协调能力,这样才能促使人体各个肌肉群协调一致,促使收缩力量增大。

(二)肌肉适能的提高对人体健康的影响

大量的实践表明,经常参加体力活动,人体肌纤维内蛋白质合成会得到有效的增强,肌纤维变得更加粗大,肌肉也会产生营养性肥大的现象,这与肌浆中肌糖原、磷酸肌酸、三磷腺苷等能源物质的含量增多有着密切相关的关系。

肌肉适能与人体健康之间的关系非常密切。良好的肌肉适能对于人体健康的影响主要体现在以下几方面。

第一,良好的肌肉适能可有效提高人体运动系统的工作能力,以适应各种工作、生活以及休闲和娱乐的需要。

第二,良好的肌肉适能有助于优化身体各组成成分的比例,使身体构成更趋合理。

第三,良好的肌肉适能能够增强肌肉,特别是维持身体姿势的肌肉力量和耐力水平,使身体形态更加完美。

第四,良好的肌肉适能能够维持老年人的肌肉力量、平衡能力和骨密度,从而提高生活自理能力和减少摔倒与相关损伤的发生率。

第五,坚持参加肌肉适能的身体训练还有助于提高个人的自信心和自我尊重,从而提高心理素质,促进全面发展。

第三节 青少年体力活动影响因素分析

影响青少年参加体育活动的因素是非常多的,一般情况下主要归结为两方面,即先天遗传因素和后天因素。

一、先天遗传因素

可以说,每个人的生长发育都会在一定程度上受到先天遗传因素的影响,如人的样貌、身高、个性等或多或少都会受到影响。甚至一些疾病也受到遗传基因的影响,如色盲、精神病、高血压病等,患者近亲中的发病率一般高于健康者,单卵双生子的同病率也高于双卵双生子,这些都是遗传因素在起作用。由此可见,先天遗传因素对于每个人的成长都是十分重要的。

总之,每个人都会受到先天遗传因素的影响,这已经是被大量的实践证明了的事实。但需要注意的是,每个人受到的先天因素影响的程度是不同的,先天遗传因素不可改变,但可以通过后天的环境来弥补自身的不足。如遗传变异就属于后天环境影响遗传程度的结果。如一个人的身高,通过后天的锻炼及生活环境的改善通常都会超过父母的平均身高水平,这就是通过后天环境改善先天不足的一个典型例证。

通过以上分析可知,良好的环境会对先天性的不足产生有利的影响,弥补先天性的不足。而不良的环境也会对先天遗传产生重要的影响,如在不良的环境条件下,良好的遗传因素也难以获得良好的发挥,在这样的条件下,人体内外的平衡会出现失调,最后会导致遗传基因突变,进而导致各种遗传疾病的发生。

总体上来看,人类的先天赋予个体智能的差异与遗传因素之间有着非常密切的关系。但是在人类的发展过程中,环境因素的价值和意义也是不容忽视的。在不同的生长环境下,人类的个体发育、健康水平等会呈现出一定的差异。由此可见,先天遗传因素固然重要,但后天环境因素也同样起着不可磨灭的作用,甚至是决定性作用。

由此可见,后天环境对于先天遗传有着非常重要的作用和影响,因此要将后天环境的改造看作是一项非常重要的工作,这样才能保证人类获得更好的发展。在平时的生活、学习和工作中,要注意养成良好的生活习惯和方式,这样才能通过良好的行为促使遗传变异向好的方面转化,从而促进人类的健康发展。

二、后天因素

后天因素对人类的发展产生至关重要的影响,因此我们不能忽视了这些因素的发展。总的来看,影响人类发展的后天因素主要表现在以下几方面。

(一)环境因素

在各种后天因素中,环境因素是其中的重要内容。后天环境因素可以说对人类健康发展的影响是非常重大的。总体上来看,几乎所有影响人类健康的因素都与环境之间有着非常密切的关系。环境对人类的影响主要体现在以下两方面。

一方面,人体各项物质或元素主要从环境中摄取,如空气、水、食物等,只有摄取到足够的能量,人体才能获得进一步发展。

第二章 体力活动与健康体适能的关系辨析

这些物质在机体内经过分解、同化组成细胞和组织的各种成分，并产生一定的能量，从而维持人类机体的生命活动。由此可见后天环境因素的重要性。

另一方面，人体内的各种代谢产物，会通过一定的途径排到周围的环境之中，然后经过各种变化成为营养物质后再被人体所摄取。因此，环境的构成及其状态的任何异常变化，都会或多或少地对人的各种活动产生一定的影响。人类在发展的过程中，自身会通过一定的调节来适应周围环境的变化，正因如此人类社会才获得了不断的发展。但需要注意的是，人类自身的调整与变化不是无节制的，如果环境变化超过了一定的程度，人体的功能和结构就会发生各种变化甚至是产生病变，这时就会产生各种不利影响，认识到这一点对于人类自身的发展具有重要的意义。

一般来说，影响人类发展的环境因素主要包括以下两方面。

1. 自然环境

自然环境是环境因素的重要内容，正是在自然环境下，人类才得以生存与发展。自然界包括多种物质，如空气、气流、阳光、水源、土壤、食物等，这些都是人类生命活动的重要基础，缺少了这些要素，人类生命活动也就无法存在。人类与自然环境之间有着极为密切的关系。人们生活在大自然环境当中，从大自然中索取各种物质，同时又受到自然环境的影响。如人体基础代谢就受到气候和季节的影响。如生活在寒带地区的人，生长发育速度往往要比生活在热带地区的人慢而晚，且寿命会比热带地区的人长；在春季时，少年儿童增高较快，而秋季则增重较快。由此可见，生长素分泌量或能量代谢会受到气候、季节的影响。又如人们在良好的环境之下往往会心情舒畅，能够以饱满的热情投入学习和工作之中。而在不良的环境下，人们学习和工作的积极性就会受到一定程度的打击，导致学习与工作效率低下。有时机体与外界环境之间的平衡被破坏时，人体健康甚至会受到极大的影响，从而会引发各种病症，不利于身体健康发展。

对于大学生而言,他们大多数的时间都生活在校园之中,校园是他们的主要活动场所。校园也就是大学生生活的自然环境,这一自然环境要素主要包括宿舍、教室、阅览室以及周围的环境等。一般来说,一个良好的校园环境,能充分激发学生学习的热情和积极性,从而促进学生身心健康发展。反之,一个不良的周围环境,如宿舍拥挤、教室卫生条件差,体育活动场所少等都会严重影响到学生的学习与生活,从而导致各种疾病的发生。由此可见,环境因素至关重要,不容忽视。作为学校部门及领导一定要加强学校的环境建设,为学生与教师创造一个优良的教学与学习环境,这样才有利于学校教育的不断发展。

2. 社会环境

人是社会的人,人与社会之间发生着极为密切的联系,这种联系主要体现在与社会意识结构、与社会组织结构之间发生联系。其中社会意识结构是指政治思想、道德观念、风俗习惯、文化生活以及政策法令等,而社会组织结构则是指家庭、工作单位、医疗保健设施以及其他社会集团。人们在平时的生活、学习与工作中,这两类因素起到非常重要的作用,如果不加重视,人们的健康就会受到一定的影响。这两类因素也是社会环境的重要内容。

对于青少年而言,家庭环境对他们的影响是非常重大的,这已经是被大量的实践证明了的事实。影响青少年的家庭环境要素主要包括家庭结构、经济条件、父母文化素质等几方面,如果这几方面的条件都比较好,那么青少年相对来说就拥有了一个良好的家庭氛围,对于其健康成长与发展具有非常大的帮助。父母可以说是孩子的启蒙教师,父母的个性特点、文化素质等都会对子女产生至关重要的影响。一般情况下,家教比较民主的家庭,子女的性情一般开朗活泼,热情大方;而缺少家庭温暖的孩子则独立能力较强,但个性比较内敛和沉默,由此可见家庭环境因素对于青少年的影响。在进入校园之后,学生在学校中接受文化教育,而文化程度又会对其自身发展产生重要的影响和作用。如果学生掌握了丰富的科学文化知识,就能更好地安排自己的学习、生活与社会交往,这非常有利于自身的发展和提高。大学生如果掌握了丰富的健康保健知识与方法,就有利于养成健康文明的生活习惯与方式,对于自身的健康长远发展具有重要的意义。

总之,社会环境因素对人的影响非常大,对于学生而言,学校部门及领导一定要采取各种方法与手段为学生创设一个良好的校园环境,为学生的生活与学习创造良好的条件。如创造良好的学校卫生环境和卫生习惯,制定科学规范的作息制度等,这对于学生身心健康的发展具有非常重要的意义和作用。

(二)心理因素

人们的身体健康主要受到生理因素和心理因素两方面的影响,其中,心理因素容易受到人们的忽视,实际上心理因素对人们的影响作用不亚于生理因素。《黄帝内经》中曾经对心理因素有过描述,认为人的不同情绪变化会导致不同系统的疾病,这充分说明心理因素对人体发展的重要影响。

伴随着现代社会的不断发展,人们对于心理因素影响的研究也逐步深入,大量的研究表明,焦虑、怨恨、忧郁、悲伤、愤怒等一些消极情绪,可以引起人体各系统功能失调,导致失眠、心动过速、血压升高、食欲减退等现象。而良好稳定的心理状态则能保持和增进人体健康,只有在这样的环境条件下,人们才能获得健康的发展。在众多的外部因素中,传染性疾病有着极大的危害性,有些传染病危害性极大,会造成很多人死亡,因此,历来人们就比较重视传染病的预防。发展到现在,危害人类健康的疾病因素也越来越多,如心血管病、肿瘤、高血压等,这些疾病与人的心理有一定的关系,成为人类主要的死亡原因。因此,随着时代的不断发展,人们越来越重视心理因素对人体健康的影响。大量的研究与实践表明,要想消除心理疾病,仅靠药物治疗是无法实现的,导致人们身心疾病的重要原因在于外界刺激和各种情绪因素,因此,主张药物治疗与心理治疗结合的方式,其中,心理治疗起到非常关键的作用。

(三)营养因素

对于人的成长与发展而言,营养因素占据着非常重要的地位。对于正处于青春发育期的学生而言,他们正处于长身体的阶段,如果缺乏了营养,身体就难以获得健康的发展。因此,补充充足的营养是十分重要的。为促进自身的健康成长与发展,生活在校园中的学生需要不断地摄取各种必需的营养素,其中蛋白质、维生素、矿物质和一些微量元素都是非常重要的。如果学生的营养不足,就容易导致各种缺陷或疾病,不利于学生的生活与学习。因此,在平时的饮食中,学生要注意合理地搭配各种食物,并养成良好的饮食习惯,这样才能做到营养均衡,为身体的健康成长创造良好的条件。

(四)疾病因素

疾病也是影响青少年参加体力活动的重要因素之一。人们生活在社会上,受各种因素的影响,总会发生一些疾病,这是不可避免的。无论是何种疾病,都会危害人们的身心健康,只是危害的程度有所不同。一般来说,对学生生长发育影响较大的是慢性疾病,如甲状腺肿大和胃肠道疾病等。患甲状腺肿大的学生,其身体的生长发育会受到一定程度的影响,无论是身高还是体重较同龄人有着明显的差距;而胃肠道疾病会严重影响到学生的消化与吸收,导致营养不良的现象,对学生的学习与生活造成严重的影响。受疾病因素的影响,学生的体育锻炼也会受到一定程度的影响,这就形成了一个恶性循环,对于学生的健康成长是十分不利的。因此,学校相关部门及领导一定要高度重视起来,在平时的教学中充分贯彻"预防为主"的基本方针,采取各种手段与措施预防疾病,为学生的健康成长营造良好的环境。

(五)生活方式因素

在长期的生活中,人们受到一定的文化、经济、风俗等方面的影响,久而久之就会形成固有的生活意识和生活方式,而生活方式也是影响人们参加体力活动的非常重要的因素。对于青少年而言,其在学校的生活方式也会影响其身心健康发展以及平时的学习。有一项调查发现,有相当一部分人群死亡与不良的生活方式有着密切的关系。不良的生活方式会导致脑血管病、心脏病等疾病的发生,这些疾病也是导致人们死亡的重要原因,因此建立与养成健康的生活方式是非常重要的。

伴随着现代社会的不断发展,社会上的生活方式病也越来越多。生活方式病主要指的是由个人不良生活方式导致的各种疾病。如高血压、心脏病等都属于这一类型。例如,各种现代化的交通工具在带给人们便利的同时,也带来了不良的影响,人们的身体活动严重不足进而导致运动能力不断衰退;受社会竞争压力的影响,人们会引发各种心理障碍疾病等。总之,不良的生活方式或习惯都会引起一些不良的反应或疾病,严重危害到人们的身心健康。

由不良的生活方式导致的各种身心疾病并不能简单地通过药物治疗就能得到控制,我们应该从人们的行为因素入手,寻找恰当的解决对策。为预防各种身心疾病,在平时的生活中,应激励青少年学生采取有益于健康的行为和生活方式面对生活。同时学校部门应与家庭及医疗卫生部门紧密配合起来,为学生良好生活方式的养成创造一个良好的校园环境,为学生的健康成长与发展奠定良好的基础。

(六)体育锻炼因素

体育锻炼也是影响青少年体力活动的一个非常重要的因素,需要注意的是,体育锻炼与体力活动有着一定的区别。关于这一点,在本章第一节中已详细阐述,在此不再探讨。

大量的实践表明,经常参加体育锻炼能有效地增强人体各系统器官的功能,促使人的大脑皮层及神经系统的协调指挥能力的提高,改善人体的新陈代谢水平,促使人的生理、心理及免疫功能等获得良性的变化。需要注意的是,这是健康合理的体育锻炼方式所获得的效果,如果体育锻炼方式不合理,效果会适得其反。相关调查统计发现,与不经常锻炼者相比,坚持经常体育锻炼的人,在形态、功能能力和身体素质等方面的水平都要更高,如神经活动过程的强度、平衡性和灵活性更强,感知力、记忆力、想象力和观察力更强,对事物认识水平及反应能力也更高。除此之外,经常参加体育锻炼,还能有效发展人的创造性思维,培养人们勇敢、顽强的意志品质,从而促进人们的身心健康发展。

对于正处于青春发育期的学生而言,他们参加体育锻炼活动,很多时候都是在户外进行的,因此受到自然环境的影响较大,在大自然环境下,人体大脑对兴奋和抑制的调节能力会得到逐步的提高,久而久之就会获得和增强对自然环境变化的适应能力,这对于学生养成优良的意志品质具有重要的意义和作用。体育锻炼对学生的影响主要体现在以下几方面。

第一,通过参加长期的体育锻炼,大学生机体各组织器官功能的改善加速,血液循环不断改善,增加心肌供血,心壁增厚,心脏收缩力得到提高,全身的血液供应得到改善,给骨骼生长以充足的养料,有利于加速骨的生长,促进肌肉发达。

第二,通过参加长期的体育运动锻炼,大学生的呼吸功能不断加强,胸廓发育明显改善,能促进内吸收过程。体育锻炼还能刺激各种激素的分泌,提高机体非特异性免疫功能。

第三,除此之外,坚持长期参加体育运动锻炼,大学生的身心健康还能获得不断的发展,其作为体力活动的一种方式对学生产生非常重要的影响。

综上所述,体育运动锻炼作为体力活动的一种重要方式对青少年的健康成长产生非常重要的影响,因此要给予高度重视。青少年在参加各种形式的体育锻炼时,要充分利用好空气、水、阳光等各种自然力因素,从而促使身体各器官系统功能发生积极的变化,促进身体素质以及运动能力的发展和提高,只有这方面获得发展,才能为学生的全面发展奠定良好的基础。

第四节 青少年体力活动促进的理论基础

一、个体水平行为改变理论

一般来说,任何行为的干预对象都是由个体所组成的,因此,个体水平的行为改变是健康促进理论、研究和实施的基本单位。传统意义上,行为科学和社会科学都趋向于识别、研究个体因素对体力活动的影响,所以在体力活动促进研究中,个体水平行为改变理论的应用占据主要地位,下面做具体的阐述与分析。

（一）健康信念模式

这一模式是由霍克巴姆提出的,在这一模式提出后,经贝克等社会心理学家的修订后逐步得到进一步的完善。该模式综合应用了社会心理学理论中的刺激理论、认知理论和价值期望理论等,是目前用以解释和干预健康相关行为的重要理论模式。从该理论内容分析得出,导致体力活动行为改变的心理活动受到以下几方面的影响,即知觉到易感性、知觉到严重性、知觉到效益、知觉到障碍、知觉到自我效能等。在健康信念模式的解释下,体力活动行为改变与个体对体力活动价值及自我效能的认知有着非常密切的关系。这一模式在当时具有重要的地位。

（二）阶段变化理论

阶段变化理论主要是描述和解释了最常见的行为变化的各个阶段以及每个阶段中主要的变化过程。该理论认为人的行为变化是一个过程而不是一个单一事件,而且在这个过程中,处于行为变化不同阶段的个体具有不同的需求和动机,该模式证明了行为的改变必须经过"没有准备阶段、犹豫不决阶段,准备阶段、行动阶段、维持阶段"等一系列过程。这五个阶段是一个非线性周期循环的过程,也可能不是一个连续的过程。①

(三)自我效能理论

自我效能理论认为个体对自己有能力完成某行为并达到预期的结果的自信心(自我效能)的有无,是决定人们能否产生行为动机和产生行为的一个重要因素。自我效能主要通过以下几方面来改变个体的行为。

第一,对行为的选择以及对执行行为情境的选择。

第二,改变执行行为的努力程度。

第三,坚持某一行为的持续时间。

第四,克服不良情绪。

需要注意的是,自我效能理论把个体对行为改变的预期结果的自信心作为决定改变个体行为的一个重要因素,但不是唯一因素,因此它需要与其他行为改变理论相结合,这样才能实现自身应有的价值。

二、系统理论

"系统"主要指的是由部分构成整体的意思。系统的内涵非常丰富,它具有以下重要特性。

(一)整体性

系统作为整体具有部分之和所没有的性质,整体大于部分之和,即系统的质。从事物的存在来看,一个系统具有整体性,是这

---

① 陈培友.青少年体力活动促进模式与实证[M].南京:南京师范大学出版社,2018:36.

第二章 体力活动与健康体适能的关系辨析

一系统区别于其他系统的一种规定性;反过来,一个系统区别于另一系统,只是因为系统都是作为具有整体性的东西而存在。从事物的演化过程看,系统具有整体性,是保证该系统在运动中得以保持的一种规定性。一个系统只有得以保持,才有系统的演化。

系统可以说是非常复杂的结构,系统中各要素之间非线性相互作用,使系统具有了整体性。如果各元素之间的作用是线性叠加,那么部分可以在不影响整体性的情况下从整体中剥离出来,而对于非线性的相互作用,整体的相互作用不再等于部分的线性叠加,部分不可能从整体中分离出来,各部分处于有机的联系之中,每部分相互联系、相互制约并影响整体。反过来,整体又制约着部分。由此可见,系统具有重要的整体性的特点。

(二)层次性

系统还具有重要的层次性特征,这一特征是指组成系统的诸要素的种种差异,包括结合方式上的差异使得系统在地位与作用、结构与功能上表现出等级秩序性,形成了具有质的差异的系统等级,层次性反映了这种有质的差异的不同的系统等级或系统中的等级差异性。一个系统之所以被称为系统实际上只是相对于它的子系统而言的,只有各个子系统相互联系相互作用才能形成一个大的系统。这些子系统也具有层次性的特征。

因此可以说,系统层次也是不可穷尽的。高层次系统由低层次系统构成,高层次包含着低层次,低层次从属于高层次,高层次和低层次之间的关系,首先是一种整体与部分、系统与要素之间的关系。高层次作为整体制约着低层次,又具有低层次所不具有的性质。低层次构成高层次,就会受制于高层次,但也会有自己一定的独立性。系统的层次性是相对的,相对区分的不同层次之间又是相互联系的。有时候不仅是相邻上下层之间存在相互影响和相互制约,而且是多个层次之间发生着相互关系、相互作用,正因如此,各个事物才能获得不断的前进与发展。

（三）开放性

系统还具有明显的开放性特点。系统具有不断地与外界环境进行物质、能量、信息交换的性质和功能，系统向环境开放是系统得以向上发展的前提，也是系统得以稳定存在的条件。我们生活的世界是一个系统的世界，现实的系统都是开放的系统，不与环境接触的、不向环境开放的系统是不存在的。系统的层次性的存在，决定了任何系统都是相对的，即系统都是具有环境的，因而也就都是一定程度地向环境做某种开放的。真正孤立的封闭的系统只存在于人们抽象的理论之中。

（四）稳定性

系统还具有重要的稳定性特点，系统的稳定性是指在外界作用下开放系统具有一定的自我稳定能力，能够在一定的范围内自我调节，从而保持或恢复原来的有序状态，保持或恢复原有的结构和功能。系统存在意味着系统有一定的稳定性，当然它也会发生一定的变化，但这种变化是在稳定基础上的变化，不是盲目发展和变化的。

（五）自组织性

任何系统都是处于不断的发展和变化之中的。一般来说，开放系统在系统内外两方面因素的复杂非线性相互作用下，某些内部因素偏离系统稳定状态的涨落可能会被放大，从而在系统中产生更大范围的更强烈的长程相关性，这些因素自发组织起来，使系统从无序到有序，从低级有序到高级有序。这就是系统的自组织性特点。

三、社会生态系统理论

社会生态系统理论可以说是用于考察人的行为与社会环境

第二章 体力活动与健康体适能的关系辨析

之间交互作用的理论。这一理论是系统理论的一个分支,也聚焦于环境中的各系统,并描述这些系统怎样与人相互作用、怎样影响人。社会生态系统理论同时也借鉴系统理论,认为人生存于系统之中,与系统中的各种不同子系统持续地发生动态的相互作用,而其他子系统之间也是不断发生作用。社会生态系统理论对于理解人类行为特征和行为问题具有非常重要的作用。这一理论发展至今都对社会的发展产生着非常重要的影响。

布朗芬布伦纳率先提出了著名的生态系统理论。该理论按照系统的层次性,把人类发展的环境网络分为五个子系统,它们分别是微系统、中系统、外系统、宏系统以及横贯各子系统的时间系统,如图2-1所示。

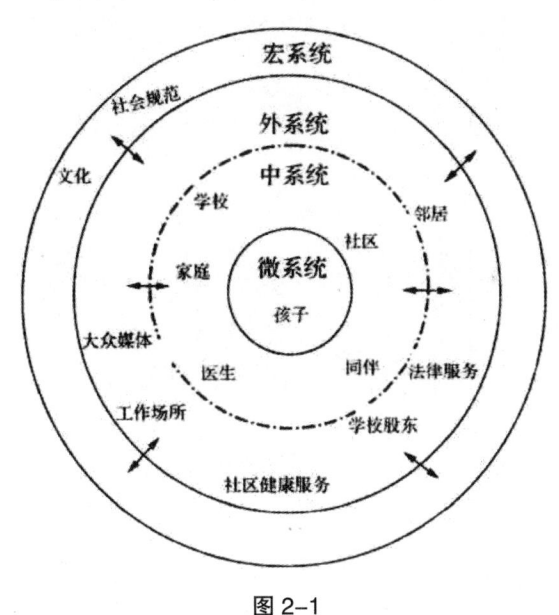

图 2-1

微系统是由个体在成长发展过程中直接接触到的环境因素构成,比如个体、家庭、社区、学校、同伴等;中系统指两个或两个以上微系统环境之间的彼此联系和交互作用;外系统是指那些个体并未参与其中,但对个体产生作用的环境系统以及这些环境系统之间的相互联系和交互作用,比如父母工作环境、社区健康服务系统等,这些系统虽不能直接对发展中的个体产生影响,但可以通过个体发展的直接环境系统对个体产生影响;宏系统是指个体所处的整个社会组织、机构的文化价值系统、制度系统、道德系统等,每一个子系统中都存在着宏系统的元素,它对每个系统产生影响,从而进一步作用于个体行为和心理的发展;时间系统是各系统环境及个体生理、心理特征随时间推移所具有的变化性和恒定性,比如家庭中弟弟或妹妹的出生、个体青春期发育、从初中升入高中等这些因素影响着个体生长的环境,从而对个体发展产生影响。

经过一段时间的发展,查尔斯·扎斯特罗改进了布朗芬布伦纳的社会生态系统理论,详细解释了人的生长发展与社会环境多层次系统之间的交互关系,把个体行为的社会生态系统进一步划分为三种基本类型:微观系统、中观系统以及宏观系统(图2-2)。

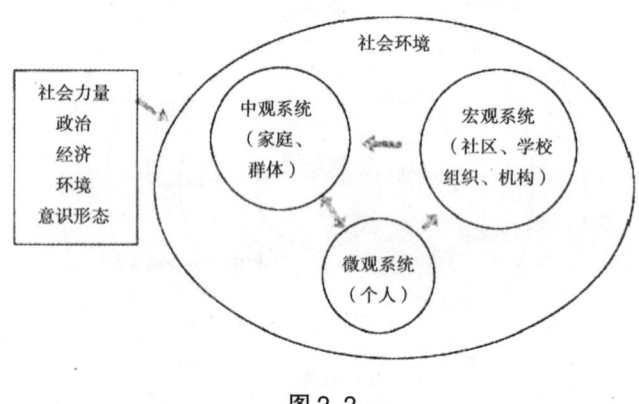

图 2-2

在这一理论中,微观系统指个人,是具有生物、心理和社会系统的相互作用的系统类型,社会工作的微观取向注重个人需求、问题及优势,强调个人如何提出问题,形成解决办法,使最好、最有效的选择成为可能。

中观系统指任何小规模的群体,包括家庭、学校和其他社会群体,微观系统往往和中观系统交织在一起,在实践中很难区分是个人问题还是中观群体问题,在很多情况下是主观地对两类系统进行区分。

第二章 体力活动与健康体适能的关系辨析

　　宏观系统指比小规模群体大一些的系统,宏观取向关注社会、政治、经济状况和政策,这些因素总体上影响人们的资源获取和生活质量,所以,社会工作的宏观实践包括努力改善人们生活的社会环境和经济环境。

　　这一理论从系统的观点出发,综合考虑系统之间的相互联系和交互作用,更容易深层次揭示个体心理、行为发展中的问题,为个体行为干预提供有效的依据与理论基础。

第三章 健康体适能理论基础及其发展透视

健康体适能有丰富的内涵和广泛的范围,是多学科交叉的具体应用,涉及运动生理学、运动解剖学、运动医学、物理学等许多学科。在引用相关学科知识、应用各学科理论的基础上对健康体适能的测评、训练展开研究,有助于提高健康体适能测评与训练的科学性,提高人体健康水平。本章主要就健康体适能的理论基础及其发展展开研究,主要包括健康体适能跨学科理论基础、健康体适能组成成分以及健康体适能发展现状与趋势。

第一节 健康体适能跨学科理论基础

一、运动生理学基础

(一)运动生理学的本质

掌握运动技能不是一蹴而就的,这是一个循序渐进的过程,具体包括泛化阶段、分化阶段、巩固阶段和自动化阶段共四个阶段。基本学会和掌握运动技能后,这些技能信息会暂时存储于大脑皮层的一般解释区与小脑中。等下次运动时,先要将这些暂时存储的信息提取出来,然后完成相关动作,这就是运动技能的再现。[1] 运动技能的存储与再现是不断熟练运动技能的必备环节。

---

[1] 韦军.民族传统体育健身与运动康复研究[M].长春:东北师范大学出版社,2018:127.

第三章 健康体适能理论基础及其发展透视

体适能训练刚开始时,由于动作不熟练,所以在学习和练习时肌肉用力状态和协调功能还达不到完善程度,肌肉过分用力或用力不足的情况总出现,导致无法规范完成所学动作,此时就需要不断调整肌肉的用力感,调整各部分肌肉的协调性,从而正确把握好力的大小,这一过程就是运动技能校正的系统过程。[①]

掌握并运用运动生理学反馈原理,可促进动作技能的不断改善,使人们更加精确地完成技术动作,熟练掌握技术技能,提高体适能水平。

(二)健康体适能的生理学分析

这里主要从肌肉适能和柔韧适能两方面来分析。

1. 肌肉适能的生理学基础

(1)肌肉的生理横断面积

肌肉中所有肌纤维共同收缩时产生的力量决定了肌肉收缩的力量大小,因此,肌肉的生理横断面积成为肌肉发达程度的主要衡量指标。青少年男女上肢屈肌的肌肉力量和肌肉横断面积呈线性关系,如图3-1所示。年龄、性别等因素不会对这种线性关系产生影响。肌肉的生理横断面积越大,力量就越强。[②]

(2)肌肉初长度和肌拉力角

肌肉收缩前的初长度对肌肉力量的大小有直接的影响。将肌肉的初长度拉长到一定范围,能够使肌肉快速收缩,增加肌肉的收缩幅度和收缩力量。

关节运动角度的变化引起肌拉力角的变化,肌拉力角的变化又会引起肌肉力量的变化。肌肉在跨过关节的不同运动角度时产生不同大小的力。例如,肘关节屈伸角为115°时,肱二头肌

---

① 韦军.民族传统体育健身与运动康复研究[M].长春:东北师范大学出版社,2018:127.
② 叶邦林.运动人体科学在竞技体育领域的应用研究[M].北京:科学出版社,2019:43.

的收缩力量最大,肘关节屈伸角比 115° 大或小时,牵拉力量都会变小,[①] 如图 3-2 所示。

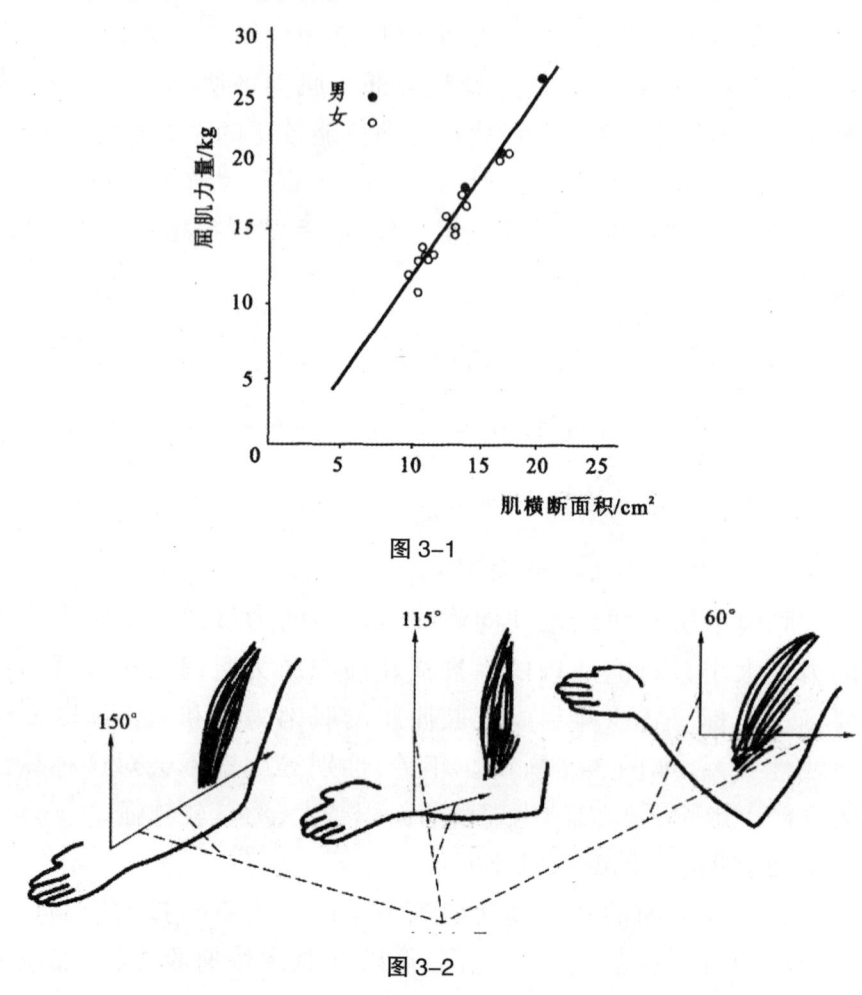

图 3-1

图 3-2

（3）年龄与性别

随着年龄的增加,人体肌肉力量也随之增长,在 20~30 岁时期肌肉力量达到最大,30 岁左右以后人体肌肉力量呈下降趋势,如图 3-3 所示。当机体发育成熟以后,要想继续增加身体肌肉力量,就要进行超负荷训练。如果训练不足,人体肌肉力量就

[①] 叶邦林.运动人体科学在竞技体育领域的应用研究[M].北京:科学出版社,2019:25.

会逐渐减弱。

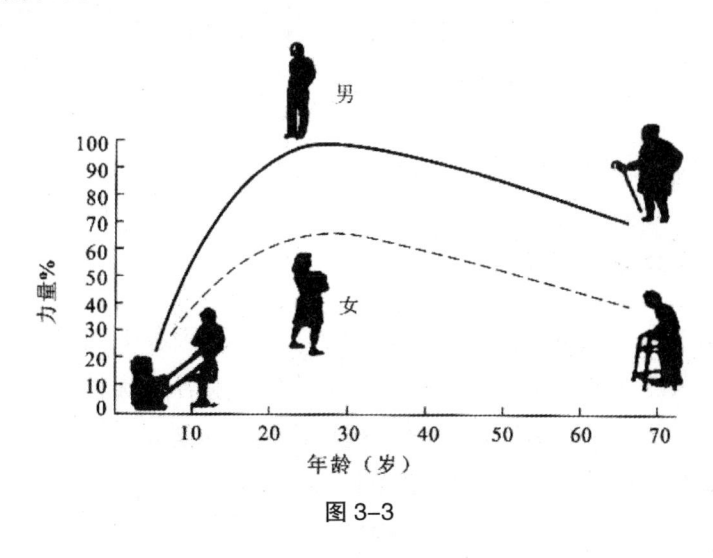

图 3-3

2. 柔韧适能的生理学基础

肌肉内结缔组织的伸展性和肌小节的伸展性对正常骨骼肌的伸展性有重要的决定性影响。结缔组织的特性还决定着肌腱与韧带的伸展性。通常,为了适应关节活动范围的变化、满足关节自由活动的需要,可增长或缩短肌肉—肌腱单元。要提高关节的柔韧性,就要将肌肉内部的黏滞性降低或减弱,通过做一些准备活动可以达到降低黏滞性、提高柔韧性的目的。关节活动的范围及灵活性会因结缔组织的弹性减弱或可塑性下降而受到限制,一般来说年龄增长或组织损伤都会造成这种影响。

关节的活动范围也会受到肌肉体积的影响,体积越大,活动越受限制。例如,二头肌、三角肌粗大,所以三头肌的伸展就受到了限制,伸展幅度小。身体脂肪多,运动时受到的阻力就大,相邻身体结构表面的过早和频繁接触使得关节活动范围减小。

肌肉—肌腱单元的反射活动也会对肌肉的伸展性产生影响,如肌肉的收缩会受到肌肉内部的长度感受器、肌梭和肌腱内部的张力感受器的影响,这种影响主要表现为使肌肉反射性地起动或对肌肉活动造成阻碍。肌肉做拉伸运动时,关节对侧的肌群会对其造成阻碍。

二、运动解剖学基础

(一)运动解剖学基本知识

1. 人体基本面和基本轴

人体基本面是三个互相垂直的切面,包括水平面、额状面、矢状面。人体基本轴是三个互相垂直的轴,包括额状轴、垂直轴、矢状轴。人体各关节和环节围绕这些基本轴而运动。

人体基本面和基本轴示意图,如图 3-4 所示。

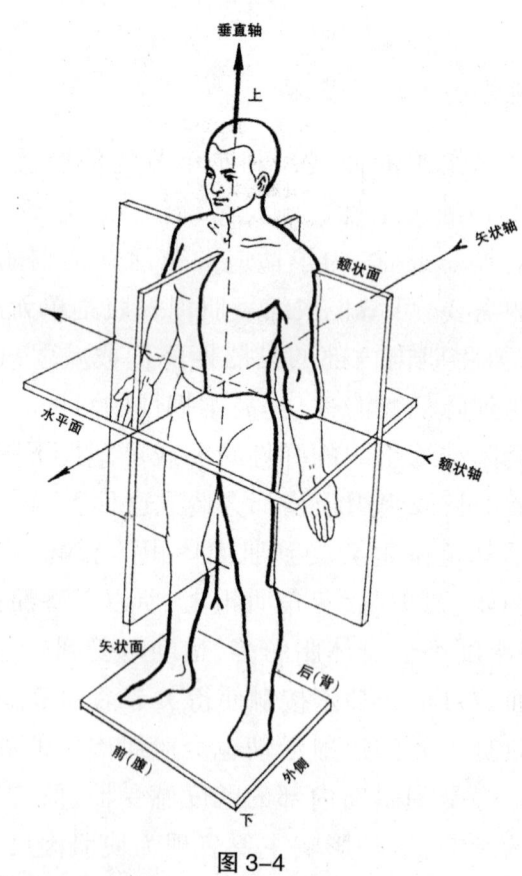

图 3-4

2. 人体运动系统

人体运动系统由以下三部分组成。

（1）骨

骨在人体及人体环节的运动中起到杠杆作用,成人共有 206 块骨,按部位分,骨分为四肢骨和中轴骨两大类,如图 3-5 所示。按骨的形态划分,可将骨分为四种类型,如图 3-6 所示。骨在人体的具体分布,如图 3-7 所示。

```
            ┌ 颅骨    ┌ 面颅骨 ┐
            │ (29块) │ 脑颅骨 │(22块)
            │        │ 舌骨(1块)
中轴骨      │        └ 听小骨(6块)
(80块)      │
            │ 躯干骨  ┌ 椎骨(26块)
            └ (51块) │ 肋骨(24块)
                     └ 胸骨(1块)

            ┌ 上肢骨  ┌ 上肢带骨(4块)
四肢骨      │ (64块) └ 自由上肢骨(60块)
(126块)     │
            │ 下肢骨  ┌ 下肢带骨(2块)
            └ (62块) └ 自由下肢骨(60块)
```

图 3-5　骨按部位的分类

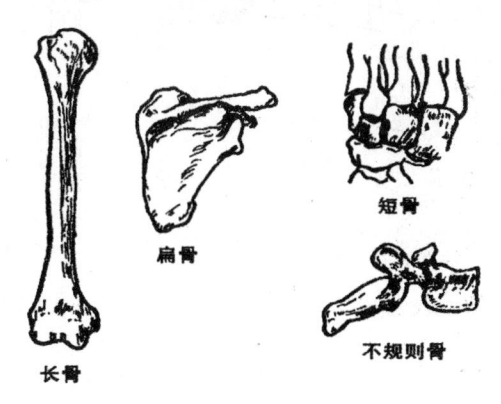

长骨　扁骨　短骨　不规则骨

图 3-6

a. 人体骨骼前面　　　　　b. 人体骨骼后面

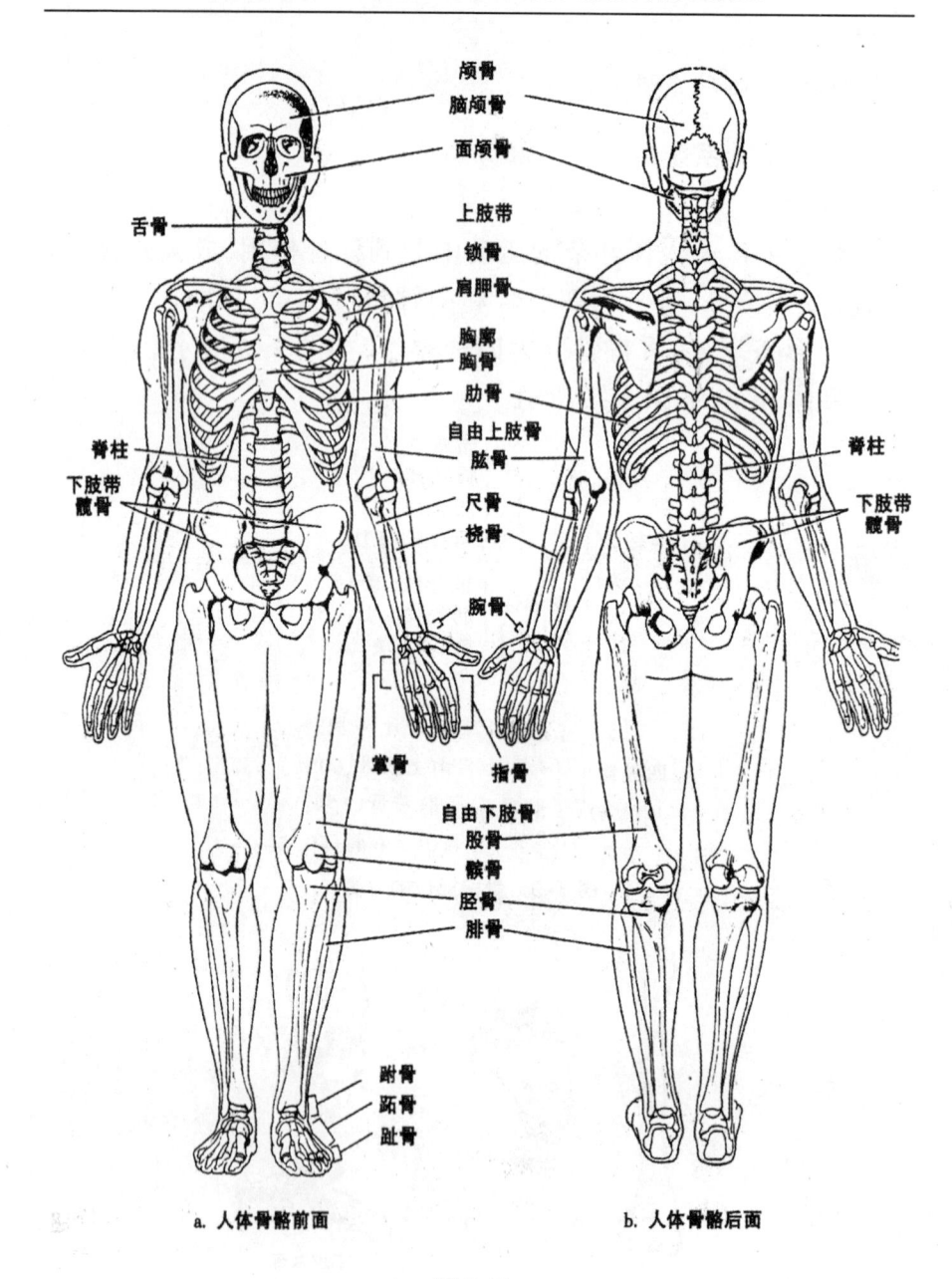

图 3-7

(2) 肌肉

人体大约有 600 块骨骼肌,大部分附着在骨骼上,如图 3-8 和图 3-9 所示。

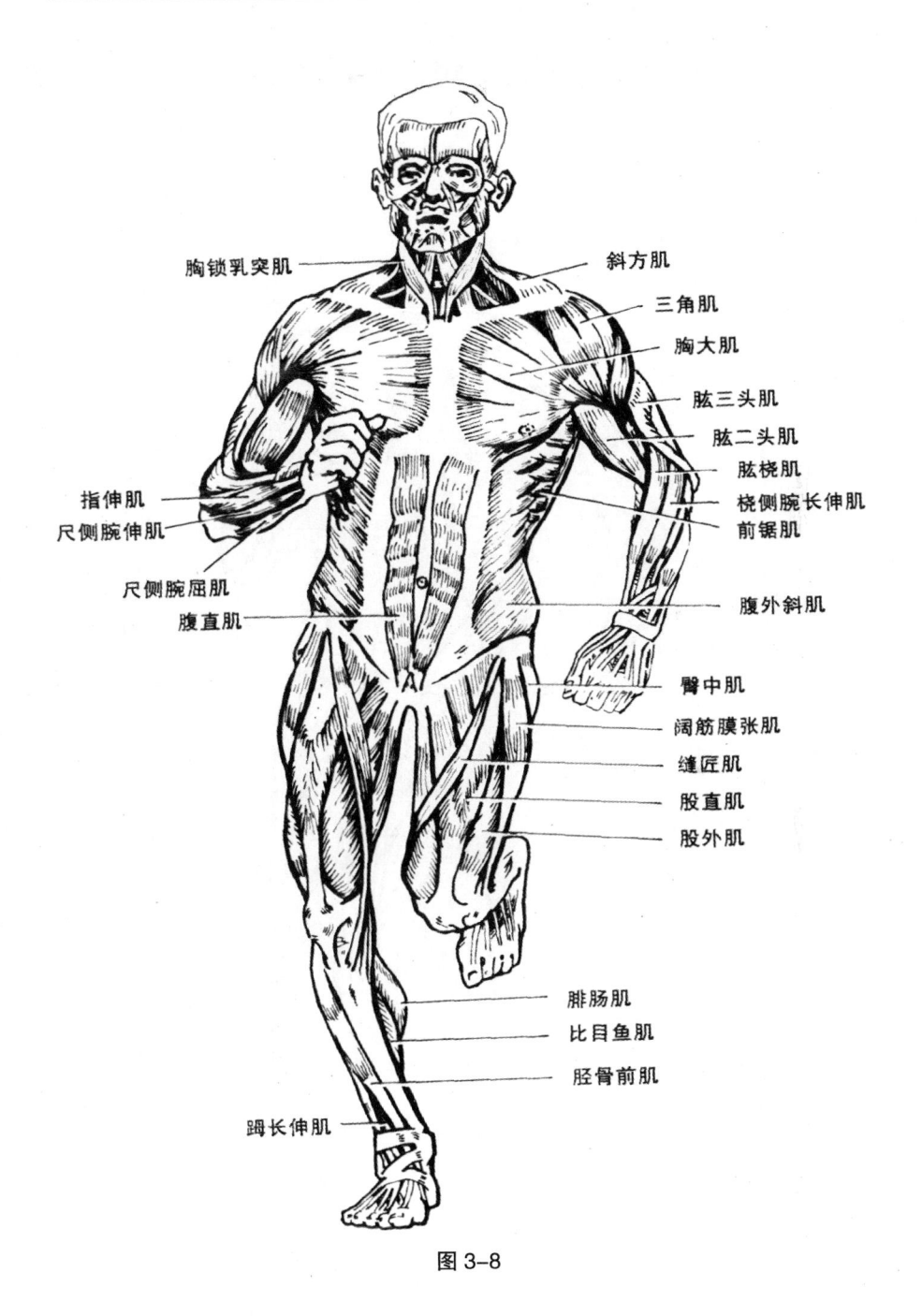

第三章 健康体适能理论基础及其发展透视

图 3-8

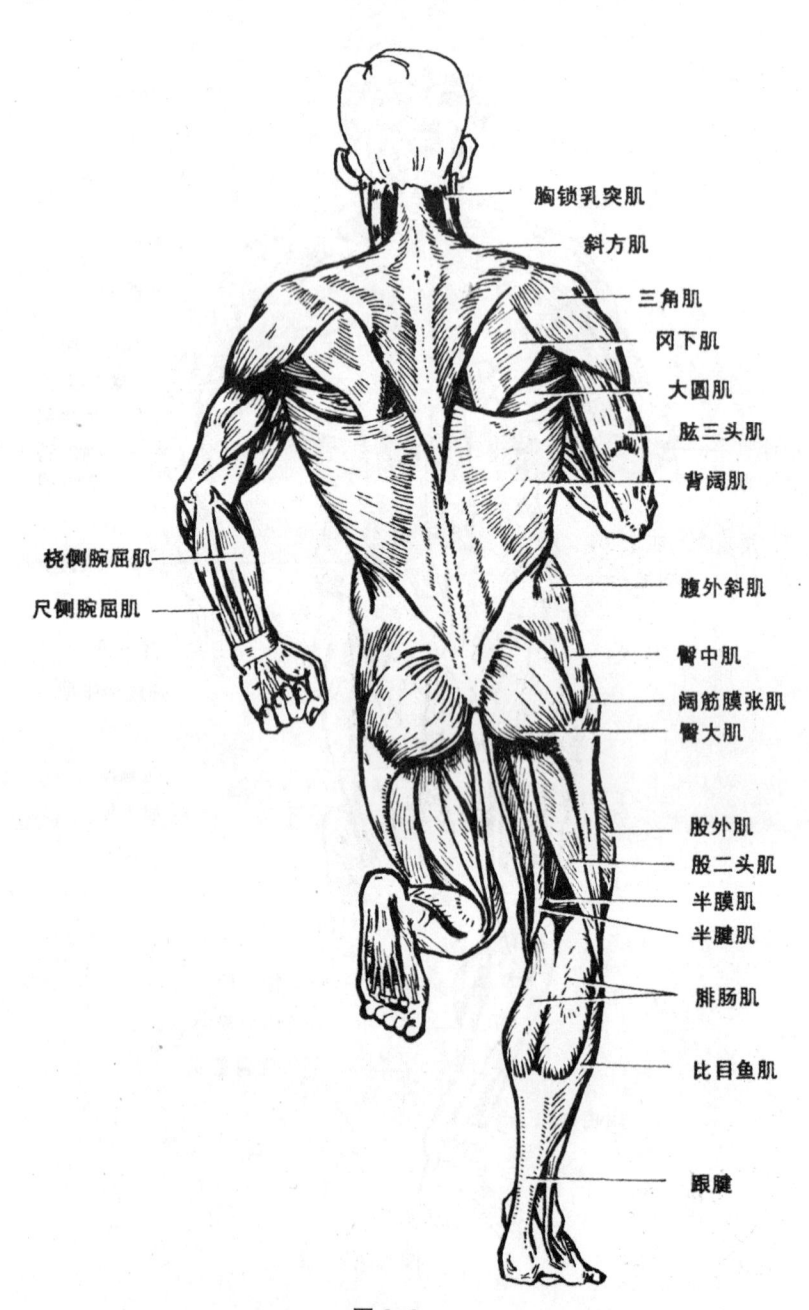

图 3-9

第三章　健康体适能理论基础及其发展透视

骨骼肌的形态多种多样,从外形来看,可分为长肌、短肌、扁肌和轮匝肌。长肌主要是在四肢分布,肌肉收缩可使四肢大幅度活动;短肌主要在躯干深处分布着,持久收缩发挥的力非常大;扁肌主要在胸、腹壁分布着,主要作用是对内脏器官加以保护;轮匝肌主要在孔裂周围分布。[①]长肌、短肌、轮匝肌的外部形态如图 3-10 所示。

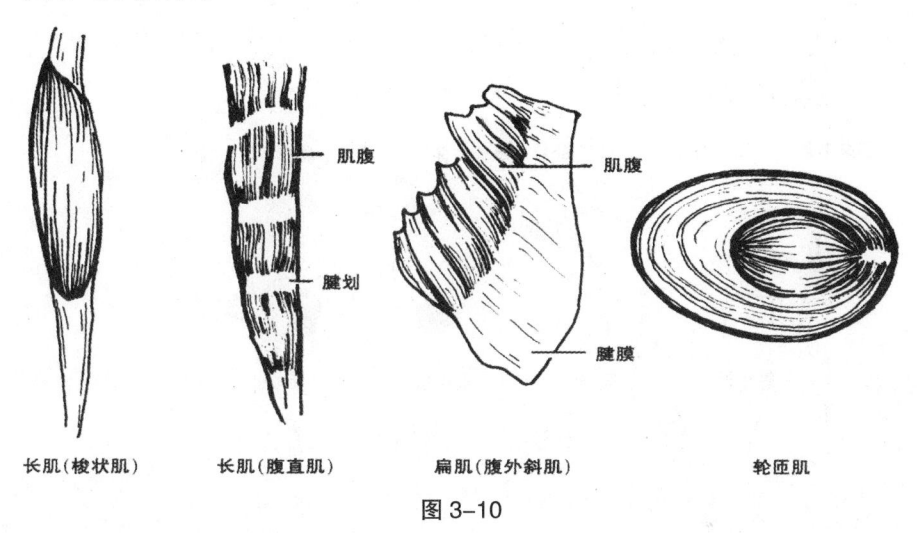

长肌(梭状肌)　　长肌(腹直肌)　　扁肌(腹外斜肌)　　轮匝肌

图 3-10

（3）关节

关节也叫"骨连结",在人体及人体环节运动中起着重要的枢纽作用。关节主要有单轴关节、双轴关节和多轴关节三种类型,这是以关节运动轴的数量为依据划分的结果。人体的关节运动主要有四种形式,分别是屈、伸,水平屈伸,外展、内收以及回旋。

人体各关节的活动如图 3-11 所示。

---

① 叶邦林.运动人体科学在竞技体育领域的应用研究[M].北京:科学出版社,2019:26.

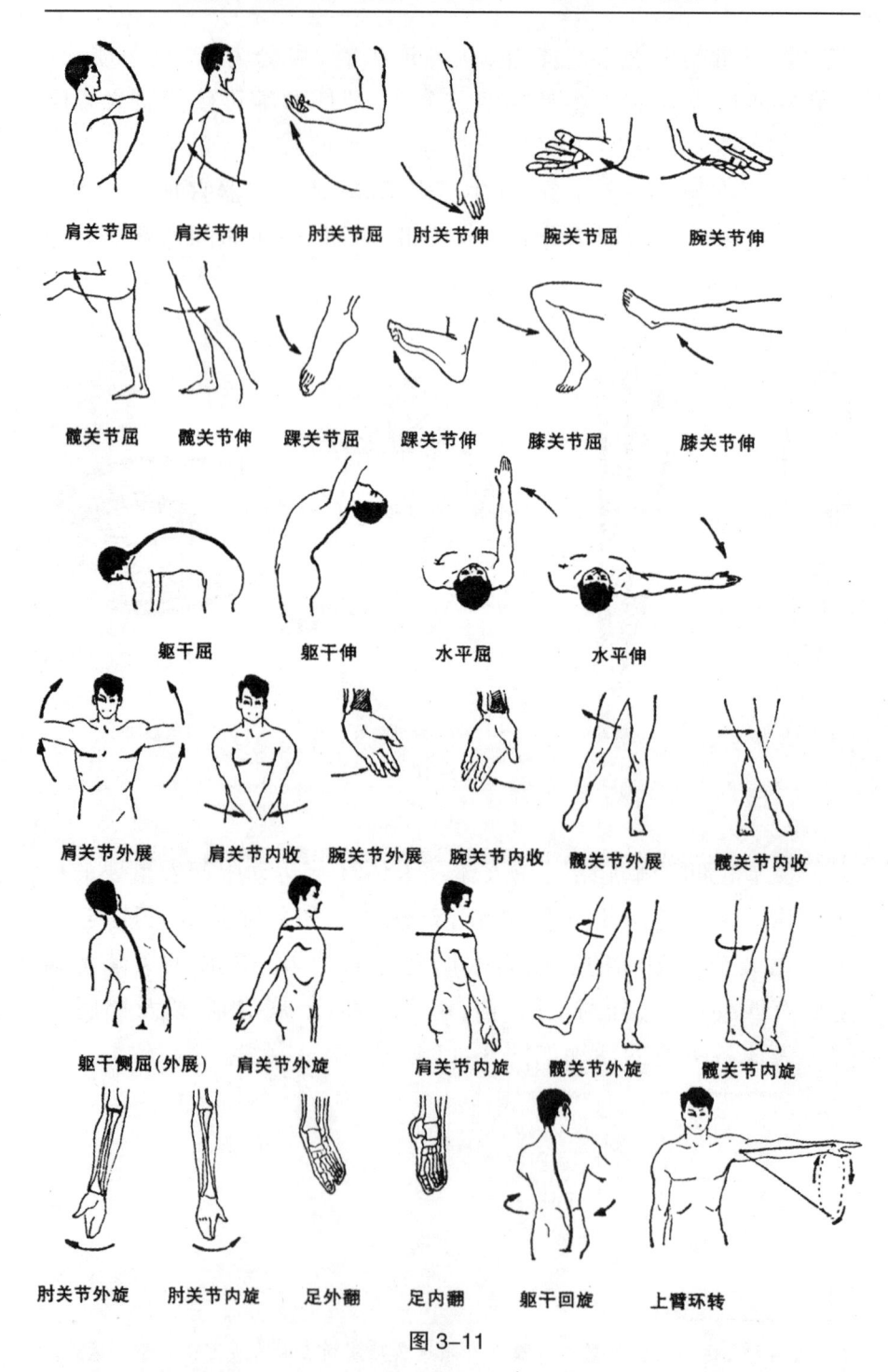

肩关节屈　肩关节伸　肘关节屈　肘关节伸　腕关节屈　腕关节伸

髋关节屈　髋关节伸　踝关节屈　踝关节伸　膝关节屈　膝关节伸

躯干屈　躯干伸　水平屈　水平伸

肩关节外展　肩关节内收　腕关节外展　腕关节内收　髋关节外展　髋关节内收

躯干侧屈(外展)　肩关节外旋　肩关节内旋　髋关节外旋　髋关节内旋

肘关节外旋　肘关节内旋　足外翻　足内翻　躯干回旋　上臂环转

图 3-11

（二）运动解剖学理论指导下的身体训练

1. 激活软组织训练

筋膜、皮肤、神经、肌肉、血管等都是软组织。由结缔组织构成的筋膜分为两种类型，一种是浅筋膜，另一种是深筋膜。作为肌肉、关节与骨的连接点，筋膜的作用主要表现为保护神经、肌肉和血管。功能训练理论认为，因为筋膜中只有少量的血管、神经，所以传统意义上的热身活动难以有效激活筋膜，热身运动中只是肌肉组织在活动，长期如此，无法有效刺激肌肉附着点，易造成磨损，进而引发运动损伤。如果在身体功能训练中可以采用专用训练器械，则能迅速激活软组织，使肌肉、神经、筋膜等软组织在训练前都被唤醒，从而有效预防肌肉附着点磨损，避免训练中发生运动损伤。[1]

2. 动态拉伸训练

动态拉伸训练主要是拉伸人体躯干和四肢的肌肉和肌筋膜，这种训练方法具有以下作用。

（1）使身体在正式训练前有针对性地做热身准备，使肌肉组织的运动功能性准备完成质量更高。

（2）使神经和肌肉充分协调配合，促进本体感受不断增强，使身体能够高效控制技术动作。

（3）增加关节活动范围，加大动作幅度，使连续动作能力进一步提高。

（4）全面动态的拉伸能够使筋膜、肌肉、神经的运动质量得到提升，从而降低运动损伤发生的可能性。

---

[1] 叶邦林.运动人体科学在竞技体育领域的应用研究[M].北京：科学出版社，2019：36.

第二节 健康体适能构成要素

一、身体成分

（一）身体成分的概念

身体脂肪组织的含量和非脂肪组织的含量在体重中所占的比例就是身体成分。[①] 一般来说，身体成分的主要构成因素有水、蛋白质、脂肪、无机物。普通成年人身体中水占的比例最大，达到55%；无机物占的最少，只有5%；蛋白质和脂肪各占20%。身体成分中各因素的比例保持在适当的范围是身体健康的一个重要前提。

（二）体型与健康

常见的体型有三种类型。第一种是外胚型，这类体型的人肌肉和脂肪含量都不多，主要外部特征是高、瘦，如图 3-12 所示。第二种是肌肉型，顾名思义，这类体型的人有着发达的肌肉，脂肪含量不多，如图 3-13 所示。第三种是内胚型，脂肪含量高，典型特征是矮、胖，如图 3-14 所示。

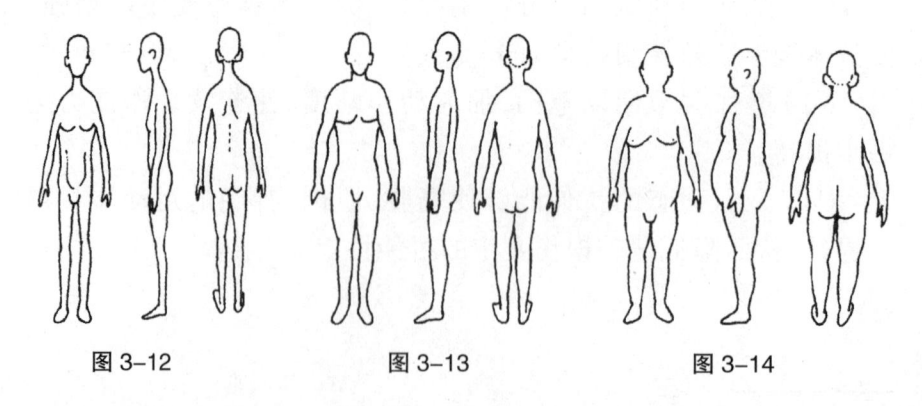

图 3-12　　　　　图 3-13　　　　　图 3-14

[①] 裘琴儿.健康体适能理论[M].徐州：中国矿业大学出版社，2012：47.

实际生活中,上述三种体型中纯粹单一类型体型的人很少。相对来说,最健康的是第二种体型,即肌肉型。这类体型的人肌肉比较发达,脂肪含量占较少的比重,要一直保持肌肉发达,就需要坚持不懈地进行运动锻炼。体型为外胚型的人,缺少肌肉,肌肉适能相对较差。内胚型体型的人体脂所占比重较大,不利于健康,需要通过改变饮食习惯和增加运动锻炼来减脂增肌。人的体型会受到遗传因素的影响,此外,后天个人的运动习惯、生活方式也有很大的影响。人们要达到或保持理想的体型,就要努力养成良好的生活习惯,尤其是饮食习惯和运动习惯,此外还要注意锻炼身体姿态,加强形体锻炼,达到一种健康美的状态。

（三）体型的影响因素

1. 遗传

身体成分受遗传因素的影响,而且是决定性影响。肥胖家族的成员之所以普遍身体肥胖,主要就是受遗传因素影响的。父母双方都肥胖,子女的肥胖率达到80%;父母一方肥胖,子女的肥胖率达40%,这都是内因即遗传因素发挥作用的结果。此外,父母双方都不肥胖,子女也有可能肥胖,但概率低,约20%,这主要是外因即环境因素在发挥主要作用。

2. 年龄和性别

在身体成分的影响因素中,年龄因素和性别因素均属于生物学因素。青少年在青春发育期前的肥胖基本上没有明显的性别差异,男生和女生的肥胖都是全身性的,也可以说是匀称性的。

进入青春发育期后,肥胖就有了较为明显的性别差异,男性的肥胖和女性的肥胖都有了一些变化,不同之处也逐渐显现出来。女性的肥胖先从臀部体现出来,臀部脂肪较多,然后从腹部、胸部等部位体现出来,相对来说,四肢的肥胖并不明显,沉淀的脂肪不多,身体和四肢看起来不匀称,这是腹型肥胖的典型特点。

女性进入更年期后,身体形态会发生更加明显的变化,腹部、臀部的肥胖越来越明显。肥胖女性在减肥时主要是要减少体内脂肪,一般来说,最初是先减少四肢的脂肪,然后过渡到腹部和臀部,所以说刚开始减肥的女性腹部、臀部肥胖的体征较为明显,但只要坚持不懈地减肥,科学控制饮食和运动锻炼,就会明显改善这种体征,使身体各部分的肌肉和脂肪比例趋于协调。

肥胖男性进入成熟期后,头颈部、躯干部位的肥胖更明显,有些男性此时出现了"啤酒肚",明显隆起的腹部沉积了过多的脂肪,如果不注意锻炼,这种体征会越来越明显。

不管是男性还是女性,进入中年期后都容易发胖,主要原因有以下几方面。

第一,进入中年期后,人体能量消耗速度慢及消耗量减少。

第二,随着生活水平的提高,在饮食上摄入过多能量,加之能量消耗慢,所以容易发胖。

第三,中年人基础代谢率下降,内分泌功能退化,如果没有好的运动习惯,很容易发胖。

人体积聚脂肪的能力比消耗脂肪的能力高,这是现代人身体发展的普遍性,而且现代社会的美食数不胜数,人们如果不加节制大肆补充能量,则很容易出现肥胖体型,因此必须做好防范,养成良好的饮食习惯,注意饮食均衡与饮食健康,并坚持运动,使肥胖远离自己。

3. 运动

运动因素可以在很大程度上给身体成分带来影响,具体包括运动方式、运动强度、运动频率等因素。要通过运动的方式来达到减肥的目的,可以先适度运动促进基础代谢率的提升和食欲的降低,对脂肪再生起到抑制作用,然后逐渐增加运动量,消耗脂肪,增加肌肉。

不同体型的人在运动时应注意运动方式和运动内容的区别,要根据自己的身体成分特征来进行针对性锻炼,从而改善自己的体型。内胚型体型的人除了要运动,还要注意饮食上的控制,双管齐下才能更好地达到减脂的效果。外胚型体型的人要多做增肌练习,以达到健康状态。肌肉型体型的人在肌肉力量与肌肉耐力的练习中,要注意适量,同时可以适当多做一些慢跑、步行类的有氧练习,以促进心肺耐力的提高。此外,还不能忽视柔韧练习,慢慢增加活动的幅度。

4. 营养

身体成分的比例也会受到饮食的影响,补充不同的营养素、以不同的方式补充营养素都会带来影响。研究发现,具有潜在肥胖遗传素质的人在进食少或运动量大的情况下有变瘦的可能;而没有肥胖遗传素质的人如果过多摄取高热量食物或者运动量少,也有变胖的可能。

二、肌肉适能

(一)肌肉适能的概念与分类

肌肉适能是健康体适能的一大要素,是评价人体肌肉功能水平和人体健康水平的重要指标。研究表明,人体运动离不开肌肉适能,这是一个必不可少的动力来源,而且人体心血管功能也需要靠肌肉适能来维持,这是一个重要保障条件。肌肉适能包括肌肉力量和肌肉耐力。

1. 肌肉力量

肌肉力量是指身体某一肌群所产生的最大力量,也指肌肉一次所爆发出的最大力。人们在日常生活与工作中离不开肌力适能,如果肌肉力量较弱,会影响工作效率,无法完成生活中的一些事,而且容易过早产生疲劳,也容易受伤。不同的人因为工作与生活的不同,所以需要不同的肌力体适能,以此来进行各自的生活与工作,满足实际需要。肌力好的人在应对生活与工作时更自如,而且这也有助于他们进行健身健美练习,塑造健康优美的形体,提高体质健康水平。

2. 肌肉耐力

在一定负荷下肌肉或肌群长时间保持持续收缩的能力就是所谓的肌肉耐力。肌肉耐力与肌肉力量之间有着紧密的关系,肌肉力量在一定程度上决定了肌肉耐力,肌肉力量强的人能长时间收缩肌肉,而肌肉力量弱的人能持续收缩肌肉的时间短。

(二)肌肉适能的重要性

肌肉适能对人体健康有很重要的影响,良好肌肉适能的重要性具体表现在以下几方面。

(1)促进肌肉微血管数量的增加和肌肉纤维的强化。

(2)促进骨骼的强化,对骨质疏松症起到预防的作用。

(3)良好的肌肉适能可以提高身体的动作效率,在比较省力的情况下完成一定负荷的活动,而且动作的持续时间更久一些。

(4)肌肉力量强,肌肉结实、张力好,使身材看起来更匀称、健美,而且对肌肉松弛、萎缩、流失有预防的作用。

(5)肌肉力量好,肌肉耐力水平高,有助于良好身体姿势的养成与维持。如果背部和腰腹部肌力差,肌肉耐力弱,那么容易出现上体前倾、驼背的问题,而且容易造成腰椎劳损、脊髓神经疼痛。

(6)良好的肌肉适能有利于保护肌肉、关节,减少肌肉、关节等部位受伤的概率,在运动时可以预防运动损伤。

(7)肌肉力量与耐力好的人往往运动能力和身体活动能力也比较强,在运动中可以充分体验乐趣与成功的喜悦。

要促进健康体适能的均衡发展,就要在锻炼心肺耐力的同时加强肌肉适能的锻炼,增强肌肉力量,提高肌肉耐力水平。长期坚持进行肌肉适能锻炼,有利于促进骨密度的提高与保持,能够使神经控制肌肉的能力得到改善,促进肌肉质量的提升。肌肉适能锻炼还能使身体成分得到更好的优化与改善,增加瘦体重;能促进软组织强度的提升,预防与改善老年群体行动迟缓;能促进自我意识与自信心的提升,提高生活效率与工作效率;能更好地适应环境;能进一步集中注意力,锻炼敏锐的思维,增强意志力。总之,长期坚持进行肌肉适能锻炼有助于塑造健康的形体,保持优美的体形,促进生活质量和健康水平的提升。

(三)影响肌肉力量的因素

1. 肌肉体积

肌肉力量的大小与肌肉体积密切相关,二者成正比,肌肉体积越大,肌肉力量就越强。一般用肌肉横断面积来表示肌肉体积的大小,横断面积大,体积就大。肌肉力量与肌肉体积的关系与年龄、性别无关。在体力活动和运动锻炼中,随着肌肉体积的增加,肌肉力量逐渐增强。

2. 肌纤维类型

骨骼肌的肌纤维有两种类型:一种是红肌纤维,这类肌纤维收缩时产生较小的力;还有一种是白肌纤维,这种肌纤维收缩时产生较大的力。遗传因素影响骨骼肌中这两种类型肌纤维的比例,如果红肌纤维比例大,那么肌肉收缩力量就比较差,而如果白肌纤维所占比例大,那么肌肉力量就比较强。为了增强肌肉力量,就要增加白肌纤维在肌肉中所占的比例,通过速度练习和力量练习可以达到这个目的。

3. 神经调节

除了肌肉体积、肌纤维类型对肌肉力量有影响外,神经系统的调节机能也对肌肉力量的大小有影响。有的人看起来肌肉体积不算大,但是有着很强的肌肉力量,这与神经系统的作用有直接的关系。

神经系统对肌肉力量大小的影响主要体现在调节上,具体表现在以下两方面。

第一,通过神经系统的调节使人的大脑处于兴奋状态,而且这种兴奋是较为强烈和集中的,此时可将多个肌纤维动员起来使之参与肌肉收缩,从而促进肌肉力量的增强。在其他条件相同时,肌肉力量的大小与参与肌肉收缩的肌纤维的数量有关,所以要通过神经调节来动员尽可能多的肌纤维参与到肌肉收缩中。

第二,肌肉力量的大小与神经冲动的频率有关,肌肉力量随着神经冲动频率的增加而增加,因此可发挥神经系统的调节功能,使神经中枢发放神经冲动的频率不断增加。

三、心肺适能

(一)心肺适能概述

在健康体适能的组成成分中,心肺适能最为重要。心肺适能主要是指心肺耐力适能。从身体机能来看,人体中与心肺适能有关的系统主要是心血管系统和呼吸系统。在安静状态下,大部分人的心肺功能没有明显的差别,可以适应机体需要。但当机体承受一定负荷时,就能明显看出不同个体在心肺耐力方面表现出来的差异。

如果人的心血管功能好,心脏功能佳,血管畅通,弹性好,血液向身体组织的流通就会畅通无阻,血液输送的效率就会提高。除了血液畅通无阻地向身体组织流通外,要提高心肺功能,还需要有好的呼吸系统功能。呼吸系统功能好,系统正常运转,氧气进入血管就很容易,同时也能及时呼出机体代谢产生的二氧化碳。氧气和二氧化碳随着呼吸系统的正常运作而顺利交换,这是心肺功能良好的重要体现。

心肺适能水平的高低还与身体细胞的用氧能力大小有关。如果用氧能力差,那么虽然心肺系统功能足以使身体组织细胞得到氧的供给,但身体细胞用氧将脂肪和葡萄糖氧化的效率很低,这直接影响能量的产生,也对心肺功能造成影响。经过心肺耐力锻炼,可以提高机体组织细胞的用氧能力,进而完善心肺系统,从而在做大肌肉运动时可以坚持较长时间。

心脏器官、心血管向机体肌肉组织提供氧的能力主要从心肺适能上反映出来。坚持从事心肺适能锻炼,能够提高健康体适能水平,具体表现为改善身体成分、提高机体组织用氧能力、增加全身肌肉活动的持久性等。

(二)影响心肺适能的因素

1. 遗传因素

心肺适能受遗传因素的影响较大。这里主要通过分析遗传对最大摄氧量(VO_{2max})的影响来了解遗传对心肺适能的影响。有人通过对单卵双生和双卵双生受试者VO_{2max}的研究发现,单卵双生受试者间的VO_{2max}差异较小,而双卵双生受试者间的差异较大,证明遗传因素对VO_{2max}有较大的决定作用。此外,还有人研究发现,在影响VO_{2max}的各种因素中,遗传因素的影响度也是最大的,为25%~50%。在长期耐力训练的影响下,机体的VO_{2max}也产生相应变化,但个体差异较大,目前认为造成这一现象的原因也与遗传因素有关。[①]

2. 生理学因素

人体循环系统功能、心血管系统功能、呼吸系统功能都是心肺适能的表现,心肺适能也直接受这些系统功能水平的影响,这是影响心肺适能的主要生理学因素,下面具体分析这些影响。

(1)心脏功能

对心肺适能具有影响的众多生理学因素中,最主要的就是心脏功能这一因素。一般来说,心输出量的大小直接反映了心脏

---

① 钱永东.健康体适能的科学评价与训练研究[M].北京:地质出版社,2016:52.

功能的强弱。以成年的健康男性与女性为例来看,在安静状态下,男性的心输出量大约是 5 升/分钟,女性相比男性每分钟心输出量较少。心输出量与人的运动能力有关,长期运动的人尤其是经常从事耐力项目运动的人剧烈运动时心输出量的峰值达到 20～35 升/分钟,而长期不运动的人和前者相比起来差距很明显,他们在运动时心输出量最高只能达到 15～20 升/分钟。

（2）血管功能

人的全身分布着众多由复杂分支管道组成的血管,血管功能对心肺适能的影响很大,下面主要从三方面来分析。

第一,人体在运动时,外周血管阻力降低,使得心室射血因后负荷减少而更加顺畅,从而增加了心输出量。

第二,人体在运动时,骨骼肌小动脉血管和皮肤小动脉血管分别处于反射性舒张和反射性收缩的运动状态,从而改变了血流分布模式,使得血液流通更顺畅,更好地满足运动时机体需要。

第三,长期运动可增加外周肌组织中毛细血管的分布密度,这对肌肉组织的微循环状态能够起到改善的作用,进而促进肌肉耐力和心肺耐力的增强。

（3）呼吸与血液

呼吸与血液运输在人体的生命活动中必不可少,如生命活动中向组织输送氧气与营养、促使机体顺利排除代谢产物等,可见呼吸与血液因素对心肺适能的影响很大。

3. 年龄和性别因素

如图 3-15 所示,在人的生长发育过程中,VO_{2max} 的绝对值（L/min）随年龄增长而增加,男子约在 16 岁时达到顶峰,女子约在 14 岁时达到顶峰。30 岁以后,活动少的人 VO_{2max} 每 10 年降低 8%～10%,而活动多的人,每 10 年只下降 4%～5%。长期坚持耐力运动者,每 10 年甚至只降低 1%～2%。女子 VO_{2max} 较男子小,这与女子心泵功能不如男子、血红蛋白含量低于男子以及体脂含量多于男子等原因有关。

VO_{2max} 的性别差异还取决于 VO_{2max} 的表示方法,见表 3-1,当以绝对值表示 VO_{2max},其性别差异为 43%,当以体重相对值表示 VO_{2max} 时,性别差异为 20%,而当以瘦体重相对值表示时,差异只有 9%。[1]

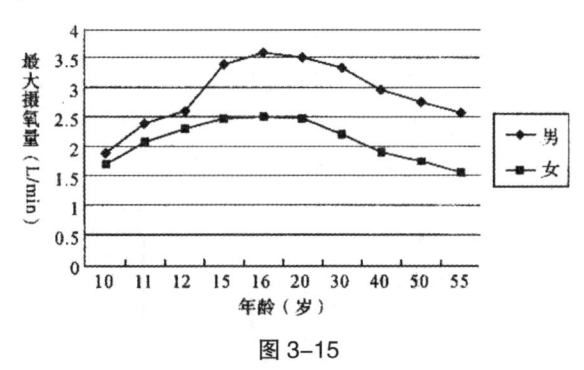

图 3-15

表 3-1　VO_{2max} 的表示方法与性别差异

	女性	男性	差异%
$L \cdot min^{-1}$	2.0	3.5	−43
$ml \cdot kg^{-1} \cdot min^{-1}$	40	50	−20
$ml \cdot kg^{-1} LBM^{-1} \cdot min^{-1}$	53.3	58.8	−9
体重,kg	50	70	−29
体脂,%	25	15	+10
瘦体重,kg	37.5	59.5	−37

4. 体脂因素

VO_{2max} 相对值是以千克体重为单位计算的,因此体重增加,心肺适能就会下降。30 岁以后心肺适能随年龄增长而降低,有一半是由体脂的增加造成的,所以,减少多余的脂肪是保持或改善心肺适能水平的简易方法。

5. 训练因素

心肺适能明显受运动训练的影响。无训练者或心肺适能低

---

[1] 钱永东. 健康体适能的科学评价与训练研究[M]. 北京:地质出版社,2016:76.

下者在刚开始训练时，VO_{2max} 的增加明显，其后逐渐趋向缓慢。研究认为，造成运动训练早期 VO_{2max} 增加的主要原因是心肺功能的改善，而当 VO_{2max} 增加到一定水平后，心输出量的增加已达极限，VO_{2max} 小幅度的改变主要是依靠肌肉对氧利用的改善而实现的。

VO_{2max} 除受以上因素影响外，还受到了一些潜在因素的影响，Rowell 发表的《人体身体应激时的循环调节》中有相关研究，如图 3-16 所示。

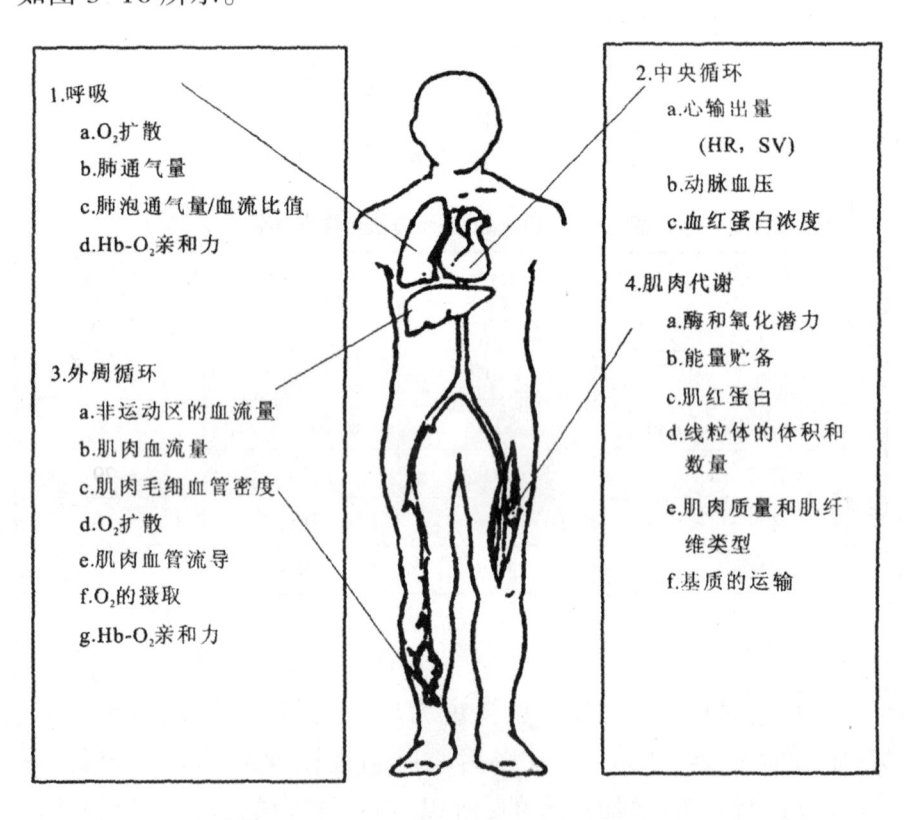

```
1.呼吸
   a.O₂扩散
   b.肺通气量
   c.肺泡通气量/血流比值
   d.Hb-O₂亲和力

2.中央循环
   a.心输出量
     (HR, SV)
   b.动脉血压
   c.血红蛋白浓度

3.外周循环
   a.非运动区的血流量
   b.肌肉血流量
   c.肌肉毛细血管密度
   d.O₂扩散
   e.肌肉血管流导
   f.O₂的摄取
   g.Hb-O₂亲和力

4.肌肉代谢
   a.酶和氧化潜力
   b.能量贮备
   c.肌红蛋白
   d.线粒体的体积和数量
   e.肌肉质量和肌纤维类型
   f.基质的运输
```

图 3-16

测定 VO_{2max} 有助于为人们参与心肺适能训练及制定运动处方提供科学依据，对于一般的运动者来说，可采用间接测定的方法来测定 VO_{2max}。目前普遍运用的测定方法是瑞典学者 Astrand—Ryhmin 提出的列线图法，如图 3-17 所示。参考该图可测定运动者的VO_{2max},从而科学制定训练计划和运动处方,提高心肺适能及健康体适能的训练效果。

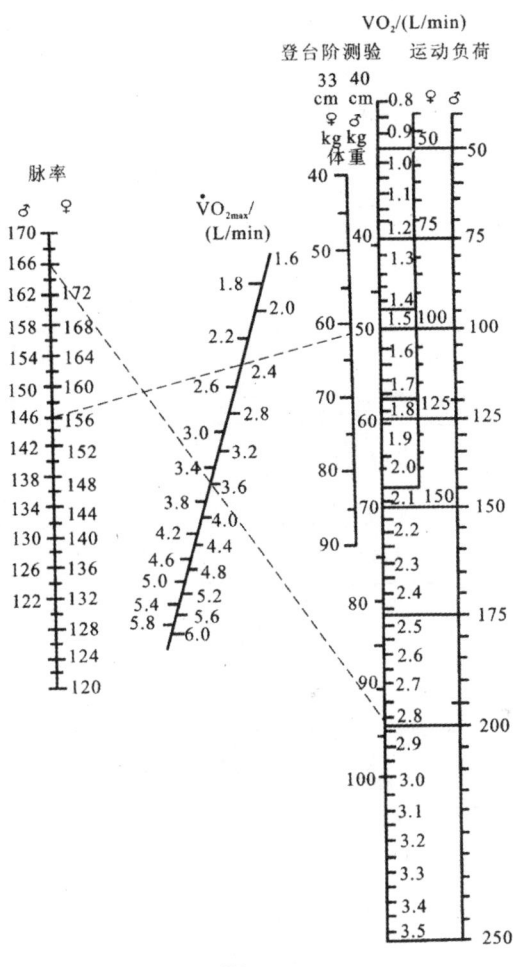

图 3-17

四、柔韧性适能

（一）柔韧适能的概念与分类

1. 柔韧适能的概念

在体育科学中,柔韧适能指的是在不伤害身体的前提下,决定一个或一组关节最大活动范围的人体肌肉骨骼系统的特征。[1]

2. 柔韧适能的分类

柔韧适能有不同的分类方法,划分的依据不同,类型也就不同,常见的分类如图 3-18 所示。

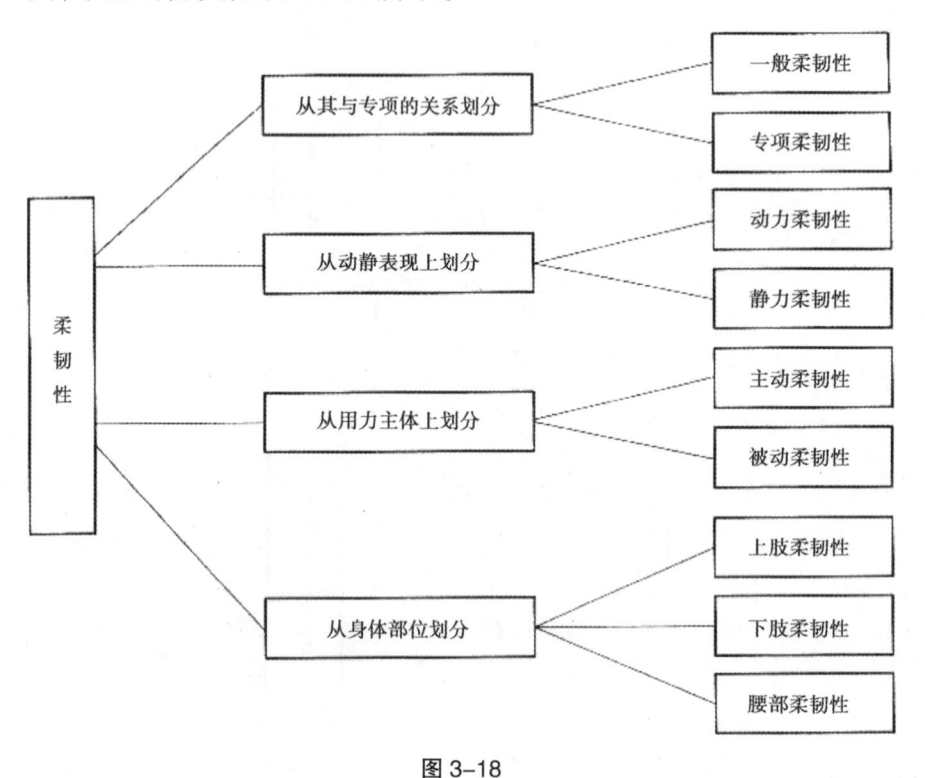

图 3-18

这里主要分析上图中的静力柔韧性与动力柔韧性。静态与动态是柔韧性的两种不同表达形式,具体表达形式如图 3-19 所示。

（1）静态柔韧性

静态柔韧性指单关节或复关节的实际运动界限的线性或角度度量,它度量的是一个关节或一组关节的运动范围。[2] 在静态柔韧性的测试中,一般由测试者和受试者从主观上确定测量的界

---

[1] 郎朝春.健康体适能与运动处方[M].北京：北京理工大学出版社,2013：26.
[2] 裘琴儿.健康体适能理论[M].徐州：中国矿业大学出版社,2012：28.

第三章 健康体适能理论基础及其发展透视

限,受试者对伸展位置的耐受能力决定了其在测试中的动作限度。所以,通过静态柔性测试并不能真正了解受试者的柔韧性,这种测试主观性强,缺乏客观性。对某一关节的柔韧度进行测量时,该关节周围的肌肉—肌腱单元的伸展性会对关节的动作范围造成限制,此外,该关节的相关关节状态也会限制关节的动作幅度。在多方面因素的影响下,很难准确获得并清楚地揭示静态柔韧性的测量结果。

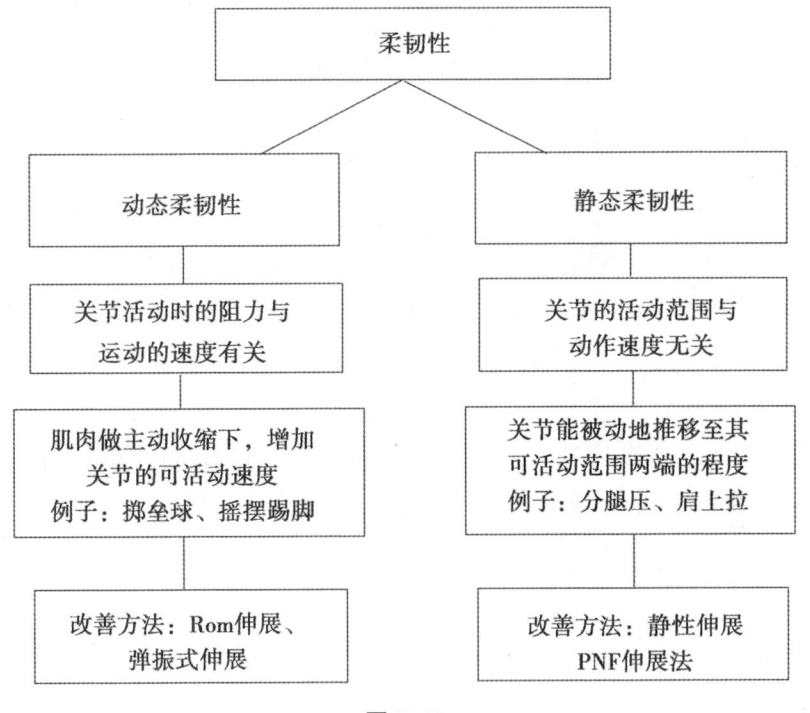

图 3-19

（2）动态柔韧性

动态柔韧性指放松肌肉被动伸展时张力或阻抗增加的速率。因此,动态柔韧性被解释为在整个关节活动范围内伸展时的阻抗变化。[1] 可以用反映材料弹性的材料力学变量硬度来度量肌肉拉伸到特定关节活动范围时出现的阻抗。通常用负荷—形变曲线的斜率来表示组织的硬度。测量动态柔韧性时,和受试者对关节

---

[1] 裘琴儿.健康体适能理论[M].徐州：中国矿业大学出版社,2012:27.

活动限度的主观感觉没有直接的关系,这是动态柔韧性与静态柔韧性的一个区别,动态柔韧性的测量更客观一些。在关节活动范围限度内肌肉被动张力的增加主要通过动态柔韧性反映出来,也就是说,动态柔韧性本质上是对肌肉黏弹性特征的反映,所以测量动态柔韧性时,强调受试者放松肌肉。

需要注意的是,因为在测量动态柔韧性时,采用的振摆式伸展运动和力量、协调、速度等因素的关系更密切,而与柔韧性的关系不明显,所以在解释柔韧适能时,动态柔韧性的概念是很少采用的。

(二)柔韧适能与健康

柔韧适能的好坏与身体发生损伤及损伤的危害程度直接相关,因此在健康体适能测试中,柔韧性测试非常重要。在人体运动中,关节作为"轴"起着非常关键的作用,人体关节运动幅度和范围大小直接反映了柔韧适能的好坏,柔韧性在生活中、劳动中以及运动中都是必不可少的,柔韧性差,关节活动范围小,对人的生活及运动产生直接的影响。下面具体分析柔韧适能的重要性及其对人体健康的影响。

1. 维持步态正常

下肢柔韧适能会影响人走路时的正常步态。正确的走路步态是下肢前摆,先足跟着地,再向整个脚掌过渡,脚发力后蹬,使足尖离开地面,这样的走路姿势看起来非常矫健,给人一种力量感。但如果下肢柔韧性差,无法伸直膝关节,髋关节屈曲与踝关节背屈也无法做到位,这就会使步幅受到限制,从步态上看起来没有力量。

2. 提高生活质量

在生活、工作和运动中,我们要做很多关节活动,各关节的活动范围只有达到正常标准,才能满足基本需要。如果关节活动范围受限,活动不灵活,会影响日常生活、影响劳动效率,也会影响运动效果。以常见的肩周炎疾病为例来看,患有肩周炎的人肩关节无法大幅度活动,上肢上举、后屈都很困难,甚至穿脱衣都不能自理,这严重影响了日常生活。

3. 提高其他身体素质

良好的柔韧适能有助于提高平衡、速度、灵敏等身体素质。面对各种肌肉问题,一般提倡多做伸展练习,这样能使一些肌肉问题得到解决。如肌肉痉挛、延迟性肌肉疼痛等症状在经过静态伸展练习后可以得到缓解。柔韧性好的人,步行时的步态、速度都会保持一个较好的状态。此外,一些平衡动作、灵巧动作的完成也离不开良好的柔韧适能。

4. 预防损伤发生

在一定负荷条件下,如果关节的活动幅度与范围超过自己的限度,就很容易发生损伤,如关节韧带扭伤、肌肉拉伤等。柔韧适能好的人在运动时只要方法得当,就很少会出现损伤,或者说损伤的程度不会很严重。

肌肉劳损和肌肉拉伤是常见的运动损伤,这些损伤的发生一般都和运动者自身的柔韧素质差有关。加强关节的柔韧素质锻炼对预防运动损伤有重要作用。按照一般的逻辑思维,人们在运动时,尤其是在做一些大幅度的动作时,因为一些原因的影响,肌肉很容易过度伸展。如果静态柔韧性高于正常水平,那么发生损伤的可能性或者损伤的危险性就会增加。目前还没有大量的研究证明动态柔韧性与损伤发生率及损伤危险程度的关系。国外学者研究表明,肌肉组织的动态柔韧性好,则出现劳损的可能性比较小。肌肉越硬,肌肉异常损害的可能性越大,这已经初步得到了证明。

综上所述,人的柔韧性应该适应所从事的活动,满足活动需要,一般只需要静态柔韧性达到正常水平就可以满足大多数的身体活动需要,如果超出正常水平或者没有达到正常水平,都会增加发生损伤的危险。

(三)柔韧适能与运动能力

柔韧性好,关节运动范围大,一些运动对关节旋转的力度有一定的要求,关节活动能否达到范围内的极端位置,与柔韧适能有关,可见柔韧适能与运动能力的关系非常密切。

运动前一般都会安排准备活动,而准备活动中常常包括伸展练习这项内容。伸展练习可以在一定程度上改善运动能力。研究表明,将动态伸展练习划入准备活动中,在运动前做一些与将要从事的运动有关的动态伸展练习,可使运动过程中肌肉的运动能力在短期内得到改善。

在动态柔韧性的概念中提到,肌肉拉长时阻抗的增加主要从动态柔韧性中反映出来,从这点来看,动态柔韧性与运动能力的关系比静态柔韧性与运动能力的关系更密切,因此在准备活动中强调多做一些动态伸展练习,而且伸展练习的方法要适应所从事运动项目的专项特点。

现代运动训练中,柔韧性的训练颇受重视,要求将柔韧性训练纳入正式训练计划中,将柔韧训练作为主要训练内容之一。对专业运动员来说,柔韧性训练对提高运动成绩很有帮助,具体作用表现在以下几方面。

第一,柔韧性训练可促进关节运动幅度与范围的增加,从而更加灵活自如地完成大幅度的动作。

第二,通过柔韧性训练,提高柔韧适能,使运动员在完成技术动作时姿态更放松,更容易在赛场上占据优势,充分展现高超技术。

第三,经过柔韧训练,能够使运动员肌肉—肌腱单位的弹性明显增加,从而更好地利用肌肉的弹性势能来改善技术动作。

第四,科学进行柔韧性训练,提高关节的柔韧性,可在运动训练和比赛中预防损伤的发生。

（四）影响柔韧适能的主要因素

1. 年龄、性别

年龄因素影响柔韧适能，尤其是静态柔韧性。学龄前儿童一般有较好的柔韧性，这与其自身关节的发展及体内钙含量的影响有关。一直到12岁之前，儿童少年的柔韧水平一般没有明显的变化，微小的变化可能与他们的身体活动有关。从12岁开始，儿童少年的柔韧性随年龄增长而增加，柔韧水平达到峰值一般出现在15～18岁间。

进入成年期后，随着年龄的增长，人体的肌肉硬度增加，静态柔韧性降低，当然这也与身体活动的变化有关。成年人的身体柔韧性是有明显个体差异的，经常从事柔韧性运动的人柔韧适能更好一些，柔韧性差的人可通过伸展练习得到改善。所以，我们对于年龄对柔韧性的影响可不必有太多的担心，只要坚持练习，依然可以保持良好的柔韧适能。

柔韧适能也受性别的影响，有男女差异，一般来说，女性的柔韧适能比男性好，这主要与二者所从事的日常活动不同以及二者在人体测量学上存在差异等有关。

2. 解剖学因素

人体各关节的活动范围、界限是由关节的解剖结构所决定的。关节活动有一定的范围与限度，不能超过限度，挑战限度很有可能发生关节损伤，这就是关节结构对关节活动产生的影响。关节面的结构是关节的解剖学结构中对关节活动范围、界限起决定性影响的主要因素，这个因素的遗传度高，因此是对柔韧适能产生影响的众多因素中最难改变的因素。这个因素不易改变，但不是不能改变，通过训练可以增加关节软骨的厚度，从而能使关节的柔韧性发生改变，这在相关研究中已经得到了证明。

3. 活动因素

日常身体活动会在一定程度上影响人体的柔韧性。柔韧适能与活动量有关,活动量大,柔韧性相对好一些。长期久坐、身体长期保持同一姿势而不经常活动的人,其关节活动范围会缩小,柔韧性差一些。不良的姿势也会造成柔韧性差。

要在日常活动中提高柔韧性,就要想办法延长肌腱和韧带,这需要做一些拉伸活动,这类练习要有规律性,这样效果才更好。在准备活动中多做一些拉伸练习,可以短时间内延长肌肉组织的长度,增加肌肉的伸展性。年长者拉伸肌肉也可以使关节活动范围增加,促进柔韧性的改善。在拉伸练习中,一定要注意方法的科学性,要根据自身条件来适度拉伸,不能用蛮劲强制性地拉伸,否则拉伸不当会损伤关节,使关节活动范围不增反减。一般来说,在准备活动中和整理活动中都要做拉伸练习,准备活动中的拉伸练习时间稍长一些,在10分钟左右;整理活动中的拉伸练习时间稍短一些,5分钟左右即可。

负重训练也会影响关节活动范围,影响柔韧适能。但要注意负重训练的科学性,如果训练不当,反而会对关节的活动范围造成限制,如大量进行抗阻训练就会对柔韧素质产生不良影响,而且对一个肌群的过度训练会造成肌群发展的不平衡,从而对柔韧性产生不利影响。要通过负重训练来改善柔韧性,就要求在整个关节活动范围内进行练习,既训练主动肌,又训练拮抗肌,保持各肌群发展的平衡性。

第三节 健康体适能发展现状与趋势

一、国外健康体适能发展现状

(一)美国健康体适能发展现状

20世纪90年代,美国由于青少年体质健康情况堪忧,国民医疗保健费用大幅增加,因此AAHPERD于1987年提出一项旨在建立一个能协助体育教师帮助青少年儿童理解终生体育活动的价值、意义,并养成健康行为习惯的教育计划,即体适能健康教育计划。

美国在相关研究上有着很长的历史,学科发展比较完善,科研水平较高,精辟的学术思想和先进的实验方法较多。美国体适能研究中心指标体系的形成和确立,归根结底决定了对体适能的定义和理解。1945年,著名的生理学家库尔·顿提出体适能三要素:体格、机能能力、运动能力。AAHPERD解释体适能是表现一个人能有效活动的程度的一种状态。与概念相对应的指标体系,最初仅限于运动能力方面,从形式到内容都是和提高运动成绩紧密联系,主要是用来测量"跑、跳、投的熟练性"。

目前,在美国比较普遍使用的健康体适能测试方法,主要是由有氧运动研究所1987年建立的计算机程序化的FITNESSGRAM,其测试指标包括1英里跑/走、体脂含量、身体质量指数、坐位体前屈、仰卧起坐、引体向上和屈臂悬垂。测试指标与人体健康有关。[1]

(二)日本健康体适能发展现状

日本政府十分注意国民体质的问题,1961年政府制定了《振

---

[1] 钱永东.健康体适能的科学评价与训练研究[M].北京:地质出版社,2016:36.

兴体育法》，要求各地政府部门积极创造条件开展体育活动，增强人们的体质。

日本对行动体力和防御体力测试指标的选择与研究，始终与国民体育观念的转变相联系。日本开始实施体力测定以来，每年的五六月份在全国范围对国民进行统一的体力测定，并由文部省提出本年度的《体力，运动能力报告书》，以此公布全国体力测定的概况和结果。同时，下发每年的测试结果、测试指标、登记表格。中小学生人手一册，方便学生了解自己的体力测定结果，判定自己的体力优劣，并据此选择制定适宜的"运动处方"，进行针对性的身体锻炼。日本这一完善的体力测试制度和管理体系，在很大程度上促进了国民体力的增长。1999年又进行了修改，增加了一些大众运动内容。

二、我国健康体适能发展现状

我国多将体适能译为体质，改革开放以来，我国在体质研究领域中，无论是理论还是实践中均做了大量的工作。

1981年11月成立了"中国体育科学学会体质研究委员会"，这标志着我国体质研究学科的确立。

1984年开始，我国定期开展了四次大规模的学生体质健康调研，初步建立了我国学生体质健康状况的调研制度。

1995年，《全民健身计划纲要》出台，对国民参加体育锻炼、增强体质、增进健康提出了要求。

2000年，我国首次开展全国性体质监测，监测项目包括身体形态、生理机能、体能素质、健康状况等四个方面的22项指标。

2003年，由国家体育总局等10个部门共同会签的我国第一部《国民体质测定标准》正式颁布实施。

2004年5月，中国国民体质数据库正式建立。国民体质数据库包括了多年来全国性体质调研、监测的数据信息及相关文献，涵盖我国3～69岁公民的体质调研和监测信息。

2005年，我国开展第二次国民体质监测工作。监测对象为3~69周岁的中国国民，监测指标包含身体形态、身体机能和身体素质三个方面。

2010年，第三次国民体质监测工作开启，监测对象为3~69岁的中国公民，监测指标包含身体形态、身体机能和身体素质三个方面。

2014年，我国在全国31个省（区、市）进行了第四次国民体质监测工作。

2020年，根据《全民健身计划（2016—2020年）》和《"健康中国2030"规划纲要》的有关规定，我国开展第五次国民体质监测。此次体质监测结合新时代的形势发展变化和群众健身需求，全面了解掌握我国国民体质现状和变化规律，充实完善国民体质监测系统和数据库，监测推进健康中国建设进程，为提高国民的健康水平服务。

三、健康体适能的发展趋势

从目前国内外关于体质研究的范畴看，大规模群体体质研究的内容主要包括体格发育水平、生理机能水平、身体素质和运动能力水平等。尽管我国的体质研究取得了较多的成果，但由于对身体适应能力方面的研究不多，尤其是缺乏科学的全面的定量化指标，因此当前的体质测定仅局限在身体方面，相关的促进健康方面干预较少。比较而言，国外在体适能方面的研究较早，积累了许多先进经验，值得我们学习与借鉴，如在理论指导方面，注重理论研究—仪器使用—社会科研的紧密结合。在实践中，对体力的检测与评估更具全面性，重视对体适能状况进行科学规范的管理。

随着科技的迅猛发展，健康体适能的研究已经朝着多指标、综合性方向发展，在研究过程中不仅在身体形态、身体机能和身体素质方面继续深入，而且已涉及人类精神、社会行为、个体性格等方面的内容。随着磁成像、分子生物学等尖端科学在体质研究领域中的运用,必将使健康体质的研究出现新的突破。[①]

[①] 程娟,李建设.体适能理论进展与健康关系的相关研究[J].科技信息(科学教研),2007(22):186-187+185..

第四章 健康体适能知识促进大学生体力活动参与长效性的理论路径诠释

第一节 健康体适能知识与大学生体力活动的关系辨析

一、健康体适能知识与体力活动的相关性研究

体适能是指通过执行特定身体活动或任务反映出的个人能力的一种状态，与人的当前和未来的健康积极相关，包括"与技能相关的体适能"和"与健康相关的体适能"（简称健康体适能）。健康体适能知识（国内近似概念为体育健康知识、体质健康知识和运动健康知识等）是指通过有效运动预防疾病和健康促进的概念与原则，是个人执行身体活动保护自己远离疾病能力的知识，包括健康体适能的要素、概念、原则及运用等，不仅包含理论知识，还包括操作性的实践知识。

国内外体适能知识与体力活动关系的实证研究可以在一定程度上佐证体适能知识在体力活动促进中的角色与价值。在国内外对青少年的健康体适能知识的定量评价中，研究似乎一致认为不同年龄阶段的学生不具有足够的体适能知识；而定性研究同样认为青少年对体力活动和体适能持有错误或者不成熟的概念。青少年健康体适能知识的不足被认为对他们的体力活动行

健康体适能知识促进大学生体力活动的机理研究

为甚至是健康相关的行为产生了不利的影响。因此,在青少年的体育教育中传授科学的体适能知识是非常重要的。体适能知识被认为是体力活动行为的前提和基础,知识能够帮助行为的启发和坚持;① 体适能的知识观念对整体健康是至关重要的;② 拥有适当的体适能知识有利于帮助青少年理解和运用锻炼的原则与方法,提高锻炼的延续性和整体健康;帮助学生终身理解和享受体力活动的乐趣。③

为了验证体适能知识能否直接影响体力活动行为,众多学者对不同年龄阶段学生的体适能知识、体力活动两者之间的关系进行了检验。

Dilorenzo 等对 5、6 年级的学生和三年后的 8、9 年级学生的健康体适能知识进行了测试,研究发现体适能知识与 8、9 年级学生的锻炼行为积极相关,间接地说明随着年龄的增加,对体适能知识重要性的理解更加深入,进而影响他们的行为。④

Thompson 和 Hannon 也对高中学生健康体适能知识和体力活动的相关性进行调查发现,高中学生的体适能知识与体力活动水平呈中度的正相关关系($r=0.438$, $p<0.001$),数据分析显示低健康体适能知识组学生的体力活动水平显著低于中高水平组。⑤

---

① Senlin Chen, Ang chen, Haichun Sun, Xihe Zhu. Physical activity and fitness knowledge learning in physical education: Seeking a common ground [J]. European Physical Education Review, 2013(6): 1-15.
② Skip M. Williams, Dan Phelps, Kelly R. Laurson, David Q. Thomas, Dale D. Brown. Fitness knowledge, cardiorespiratory endurance and body composition of high school students [J]. Biomedical Human Kinetics, 2013(5): 17-21.
③ Ennis, C. D. On their own: preparing students for a lifetime: Students will appreciate activity if they understand its usefulness, acquire the necessary skills and knowledge, and enjoy their lessons [J]. The Journal of Physical Education, Recreation, & Dance, 2010(81): 5-12.
④ Dilorenzo, T. M., Stucky-Ropp, R. C., Vander Wal, J. S., & Gotham, H. J. Determinants of exercise among children: A longitudinal analysis [J]. Preventive Medicine, 1998, 27(3): 470-477.
⑤ Thompson, A., & Hannon, J. C. Health-related fitness knowledge and physical activity of high school students [J]. Research Quarterly for Exercise and Sport, 2010, 81(1S): 75.

第四章 健康体适能知识促进大学生体力活动参与长效性的理论路径诠释

Dunn 等对生活方式组(体适能知识认知和行为策略的学习,每天半小时体力活动与日常生活接近)和常规训练组(传统训练半小时,但不进行知识、策略教学)两组学生进行为期 6 个月的干预,6 个月后两组的体力活动水平和心肺适能都得到明显提高,常规训练组的心肺耐力水平显著高于生活方式组;然而再经过 18 个月自主计划体力活动,发现两组都表现出较高的体力活动和心肺适能水平,但是参与生活方式干预组学生的体力活动和心肺适能水平显著高于传统训练组,这说明,在体力活动干预中包含体适能知识教学的生活方式组具有长期的优势,也就是说生活方式组的参与者获得的体适能知识能使他们的训练在长期内更为有效,研究暗示健康体适能知识能提高个人维持体力活动和体适能水平或把它们的降低减少到最小程度的能力。

Timothy 对城市青少年健康体适能知识和体力活动水平进行调查和相关性检验时发现,青少年的体力活动水平与体适能知识呈低度相关关系,体力活动水平随着体适能知识水平的提高而小幅升高。[1]

Williams 在一项追踪研究中发现体适能知识和最大摄氧量之间具有微弱的关联($r = 0.256$,$p = 0.001$),学生体适能知识得分高的有氧能力也更高。[2] 另一研究显示,在接受体适能知识教育后,青少年学生的体适能知识和体力活动水平中度相关,较多的学者建议通过提高体适能知识来加强体适能教育达到提高体力活动和体适能水平的目的。[3]

Rajivt 对两组青少年学生(近 2200 人)体力活动行为的预测因素进行了为期 6 年的纵向跟踪研究,结论显示体力活动行为可

---

[1] Timothy A. Brusseau, Ryan D. Burns, James C. Hannon. Effect of Body Composition, Physical Activity, and AerobicFitness on the Physical Activity and Fitness Knowledge of At-Risk Inner-City Children [J]. The Physical Educator, 2016, 73 (4): 745-756.
[2] Williams S M, Phelps D, Laurson K R, et al. Fitness knowledge, cardiorespiratory endurance and body composition of high school students[J]. Biomedical Human Kinetics, 2013, 5 (1): 17-21.
[3] Hastle, Peter A. Chen, Senlin, Guarino, Anthony J. Health-Related Fitness Knowledge Development through Project-Based Learning [J]. Journal of Teaching in Physical Education, 2017, 36 (1): 119-125.

以有效预测体适能知识和自我效能;[①] 同样,体适能(体力活动)的知识和自我效能可以有效地预测体力活动行为,体适能知识和自我效能与体力活动行为形成互助加强模型,两者之间相辅相成,相互促进,相互影响。还有研究认为健康体适能知识是必要的,并强调知识不能一致地影响预测行为。除了具有必要的知识外,还应有动机去执行行为;基于动机行为的技能模型,知识和动机联合起来直接或间接影响行为。

  由此可见,无论是体适能知识独立抑或合并态度、动机、技能等对体力活动行为产生影响,健康体适能知识在青少年体育教育中的价值和重要性都是毋庸置疑的,它与体力活动的相关性得到众多研究的证实。美国最新的国家体育课程标准把知识和技能作为影响体力活动和健康体适能的两个决定性因素;我国《体育与健康课程标准(2017年版)》把体育健康知识作为培养青少年体育素养的核心要素。在体力活动促进最为典型、有效的干预策略和手段——高质量的体育教育中,将培养具有终身体育素养(知识和技能)的青少年作为目标,都将健康体适能知识作为与技能学习同等重要的内容,取得了较好的效果,被世界各国所认同。虽然目前世界各国对体适能知识到底应该包含哪些内容以及如何客观评价尚未达成一致意见,但知识内容的选择趋向于生活化的趋势已基本确立,融入生活方式教育的内容对青少年的体力活动产生积极的影响。

二、健康体适能知识与体力活动的相互关系

(一)健康体适能知识能为大学生参加体力活动奠定良好的理论基础

  总体来看,目前有很多人并未能完全了解健康体适能的概念

[①] RAJIV N. RIMAL. Longitudinal Influences of Knowledge and Selfefficacy on Exercise Behavior: Tests of a Mutual Reinforcement Model [J]. Journal of Health Psychology, 2001, 6(1): 31-46.

与内容,健康体适能的理论与知识体系可以说是非常广泛的。我们通常所说的身体素质、肌肉力量适能、心肺耐力适能、柔韧性适能等都是健康体适能的重要内容。大学生作为我国社会主义现代化建设的生力军,必须要充分认识与了解这一方面的知识,这能为其参加各种体力活动奠定必要的理论基础,能指导大学生科学地参加体力活动,从而实现良好的活动效果。

（二）大学生体力活动能为健康体适能理论体系的完善提供重要的依据

体力活动的范围非常广泛,大学生经常参加的体育锻炼就属于其中重要的内容。大学生在参加体力活动的过程中,通常会遇到各种各样的问题,这些问题的解决能反复验证既定的健康体适能理论,为这一理论体系的完善提供重要的事实依据。

综上所述,关于健康体适能知识与体力活动关系的研究,近年来成为一个热点,二者之间的关系非常密切,在进行任何一方面的研究时都不要忽略了另一方面。

第二节 健康体适能知识促进大学生体力活动的理论模型

大量的研究与实践已经充分表明,一个完善的健康体适能知识体系对于大学生参加体力活动具有重要的指导意义。对于大学生而言,要想更好地参加体力活动,要在平时的学习中不断丰富自己的健康体适能知识体系,构建一个能有效促进体力活动发展的理论模型。这些理论模型主要包括知—信—行与健康信念理论、社会认知理论、计划行为理论、自我决定理论、期望价值理论等。

健康体适能知识促进大学生体力活动的机理研究

一、知—信—行与健康信念理论

知—信—行与健康信念的理论，大学生一定要很好地学习与了解，它对于激发学生参与体力活动的动机具有重要的作用。知—信—行理论认为知识是基础，信念和态度是动力，行为改变过程是目标。① 知—信—行理论被广泛应用于健康行为的改变，同样适用于体力活动行为的改变，因为，体力活动也是促进健康的主要行为之一。国内众多学者并未重视知—信—行理论作为体力活动行为改变的理论依据，主要源于对健康知识认知的忽视，提出了诸如"知易行难""知而不行"等类似观点，试问我国传统的体育教育过程中与健康相关的"知"的内容有多少？合理乎？教师教了多少？学生又掌握多少？以较为重视体适能知识的西方发达国家美国为例，也仅有不到三分之一的学生在体适能知识测试中获得通过，有学者提出体适能知识的不足是阻碍体力活动促进成效、导致肥胖持续流行的影响因素的主要因素之一。基于知—信—行理论，健康体适能知识是建立正确健康的信念与态度、进而改变健康相关行为（体力活动）的基础，而信念和态度是体力活动行为改变（长效性）的动力。只有当人们了解有关健康的体适能知识，建立正确的信念与态度，才有可能主动地进行体力活动，改变"久坐""霸屏"等危害健康的行为。②

班杜拉认为，如果学生缺乏对健康生活方式重要性的健康体适能知识认知，他们不可能做苦差事来改变他们所享受的坏的健康习惯；这与健康信念模型理论的观点趋于一致：人们通常不会参与有益于健康的体育锻炼，除非他们有一定水平的锻炼动机、

---

① 杨佩军，田建中.健康促进中健康相关行为改变的基本理论[J].皮肤病与性病，1999，21（3）：1-3.
② 陈华卫，吴雪萍.体质健康知识促进青少年体力活动的角色、价值与路径[J].中国体育科技，2020（56）：1-8.

第四章　健康体适能知识促进大学生体力活动参与长效性的理论路径诠释

健康动机和健康知识;[①] 尽管健康信念模型未能充分考虑体力活动行为的情感构成、环境等因素对行为的影响,但它从知识认知、态度和信念的角度解释了体力活动行为转变的机制,符合教育心理学关于"人类通过应用储存在认知系统的知识来控制理性的行为"的观点。知晓健康体适能知识的益处,经过内化整合,形成个体自我系统的产物,逐渐产生健康理念及相应的体育健康意识,人们在进行锻炼提高体适能时能做出更精明的决策,形成体力活动积极的态度,有利于向健身行为的转化,选择更为积极的生活方式,这与我国古代大思想家朱熹所提出的"致知力行,用功不可偏;论其先后,故当致知为先"的观念一致。[②]

二、社会认知理论

社会认知理论是由班杜拉于20世纪80年代提出的,这一理论的提出对于当时的社会具有重大的影响。社会认知理论是指个体对自己在一定水平上完成某一活动所具有的能力判断、信念或自我把握的程度。社会认知理论是由自我效能理论发展而来的,自我效能理论认为:行为改变都是通过一个认知机制为主要中介完成的,这个认知机制即自我效能。

发展到现在,越来越多的专家认为,自我效能理论是目前身体活动领域内最成功的行为科学理论之一。自我效能和锻炼的认知呈正相关关系,而体适能知识是锻炼认知的主体,自我效能可能成为体适能知识促进体力活动的重要中介。通过对健康体适能知识的教育可以强化健康信念,从而直接影响个体的自我效能水平,进而影响锻炼行为的开展。

张河川等研究证实了自我效能是体育知识影响锻炼行为的

[①] Bandura, A. Self-efficacy: The exercise of control [M]. New York: Freeman, 1997: 168.
[②] 季浏.我国《普通高中体育与健康课程标准(2017年版)》解读[J].体育科学, 2018, 38(2): 3-20.

重要中介变量。①

阳家鹏等提出通过体育理论知识的学习并内化为行为认知，可增强行为控制感达到促进锻炼行为的目的。②个体体力活动行为的自我效能受其掌握的相关知识（体力活动促进体适能知识）和其他社会人口背景因素的影响。因此，自我效能更可能是调停健康体适能知识和体力活动行为关系的中介变量之一。

通过对诸多专家的研究分析，有学者提出，通过加强体质教育，掌握锻炼知识，帮助青少年学生树立锻炼促进健康的信念，提高其锻炼意愿和完成锻炼任务的自我效能感，是增加青少年锻炼行为的重要手段之一。③发展至今，社会认知理论仍旧在人体健康领域占据着重要的地位，充分学习与掌握这一理论对于大学生参加体力活动，提高自己的健康认知水平具有非常重要的意义。

三、计划行为理论

健康体适能知识在体力活动促进领域具有不可磨灭的作用，这一作用可以用计划行为理论（TPB）来解释。根据TPB理论，个人参与体力活动的意向是个人体力活动参与的直接预测指标，主要包含以下三方面的决定性因素。

第一，态度，有情感（如喜欢和讨厌）、认知（有害还是有益）。

第二，主观规范、标准，与个人感知的社会压力有关，个人感知是否参与体力活动。

第三，感知行为控制，个人感知参与的难易程度。

人们参加体力活动知识和参与的重要性在于它与TPB态度的因素有着非常密切的关系，明确来说，知识可以影响人们参加

---

① 张河川，郭思智. 大学生锻炼行为与相关知识、态度、自我效能的研究[J]. 中国行为医学科学，2001，10（2）：133-135.
② 阳家鹏，徐佶. 体育锻炼态度对青少年有氧体适能的影响——体育锻炼行为的中介作用[J]. 广州体育学院学报，2016，36（1）：91-94.
③ 章建成，平杰，任杰等. 中、小学学生体质健康教育模式的构建及干预策略分析[J]. 体育科学，2012，32（12）：15-19.

第四章　健康体适能知识促进大学生体力活动参与长效性的理论路径诠释

体力活动的态度,进而影响这一行为的目的;假定考虑到体力活动、健康知识和健康益处是体力活动参与的基础,那么提高和发展体适能知识的掌握应该是建立健康体力活动行为的第一步。

学者方敏等对计划行为理论的相关因素进行实验研究发现,行为控制感是影响锻炼意图和行为的主要因素,受个体锻炼知识和技能的影响较大。[①] 因此,行为控制感也是调停健康体适能知识和体力活动行为关系的重要变量。

四、自我决定理论

自我决定理论也是一个非常重要的理论模型,这一理论认为,当个体自我决定的轮廓发生改变(或个人自我动机发生作用),行为的改变是一个期望的结果。健康体适能知识的增加引起学生参与体力活动的感知胜任能力,使更多具有自我决定动机的学生保持积极生活的状态;因此,期待青少年学生健康行为发生变化时,首要发生的就是丰富学生的健康体适能知识。对于大学生而言,如果不理解维持健康体重平衡的重要性,或保持健康状态,或者是在日常生活中不具备足够的体适能知识,那么他们参与体力活动的动机就会大大削弱,这样就难以产生参与体力活动的行为。

本质上而言,健康体适能知识的缺乏可能影响个人维持积极生活方式的能力。学者熊明生等通过研究发现,宣讲锻炼知识对大学生锻炼动机诸变量的干预效果总体上是显著的,也就是说锻炼知识宣讲对大学生的社会认知变量锻炼态度、自我效能、锻炼意向、锻炼计划产生了影响,进而促进锻炼行为的开展。[②]

---

① 方敏. 基于计划行为理论拓展模型的青少年锻炼行为研究 [J]. 武汉体育学院学报, 2011, 45 (4): 52-56.
② 熊明生, 刘皓云. 锻炼知识宣讲影响大学生锻炼动机的实验研究 [J]. 武汉体育学院学报, 2013, 47 (7): 75-78.

五、期望价值理论

期望价值理论也是一个非常重要的理论模型。作为大学生而言,在参加体力活动时需要学习和掌握这一理论基础。这一理论强调个体认知期待和行为之间的联系。人的行为源于不可察觉的认知过程,可通过评估来加深对知识的学习和理解。尽管推荐的体适能知识可以提高执行且期望行为的能力,但个人的结果期待对个人的信念和行为有直接的影响。大学生生活在校园之中,平时的学习和生活大都是在教室中渡过的,久坐的人群通过体适能知识教育获知体力活动的益处和风险知觉,就会增加结果期望值从而增加体力活动的意图,从而影响个人的行为。学者Katie 等通过对体力活动知识和健康结果期望和行为关系的实证研究发现,体力活动知识能够增加个体对结果的期望值,进而影响体力活动行为。[1] 期望价值理论是一个非常重要的理论模型,是大学生健康体适能知识体系的重要组成部分,需要在平时的学习中注意这一环节知识的学习。

第三节 健康体适能知识促进大学生体力活动的路径探索

一、激发学生参加体力活动的内在动机

(一)动机概述

1. 动机的概念

动机指的是推动一个人进行活动的心理动因或内部动力,动

---

[1] Katie M. Heinrich, Jay Maddock, and Adrian Bauman. Exploring the Relationship Between Physical Activity Knowledge, Health Outcomes Expectancies, and Behavior [J]. Journal of Physical Activity and Health, 2011(8): 404-409.

第四章 健康体适能知识促进大学生体力活动参与长效性的理论路径诠释

机对于人们参加各种活动具有重要的意义。一个正确的动机能很好地维持人的各种活动,满足人们参加各种活动的意愿,在一定的动机指引下,人们才能完成目标实现任务。

通过心理学的研究,我们可以发现,动机是个体的心理内在过程与外在的行为发生作用的结果。通常来说,动机与需要之间有着密切的联系,同时又有所差异,这种联系与区别是普遍存在的。在静态条件下,并没有形成一定的动机,而只有当愿望或需要激起人们参加活动的动机时,这种动机才有可能转化为具体的行为。由此可见,动机的产生并不是重点,在其产生后需要转化为具体的行为表现,这才是动机产生的意义。

2. 动机的功能

作为活动趋向的一种动力源泉,动机具有三种功能。

(1) 激发功能

大量的实践表明,动机能有效地激发人们的各种行为,促使人们以积极主动的热情投入某一项活动之中,动机的这一激发功能是非常明显的,它能促使人由静止状态转向运动状态。例如,如果某一名学生具有强烈的成就动机,那么他就能以饱满的热情积极地投入学习与锻炼之中,在取得优异的成绩后,能获得成就感与自豪感。这就是动机的激发功能。又如,为了取得理想的考试成绩,学生在教室埋头苦读一直到深夜就属于动机的激发效果。

(2) 指向功能

一个良好的动机还具有重要的指向功能,这一动机能有效驱使人的各种行为指向既定的目标。例如,成就动机能促使学生为了实现某个学习目标而坚持刻苦努力,认真对待每一堂体育课,能坚持参加体育锻炼,这就是动机的指向功能。

(3) 维持功能与调节功能

在平时的生活、学习与工作中,人们总会受到一定的动机的驱使,这样才能产生某种具体的行为。人们在一定的动机驱使下,会朝着既定的目标而努力,在实现目标的过程中会不断调节活动的强度和持续时间,直至实现最终的目标。如果没有实现最终的目标,那么强烈的动机就会驱使人们进一步加强某种行为,或者改变某种行为,其目的都在于为了实现既定的目标。

关于动机,近些年来,心理学研究领域都比较重视,大都从"方向"和"强度"这两个角度展开研究与分析。"方向"与人选择的目标有着直接的关系;"强度"则是指为了达成某一目标而奋斗的程度。例如,有的人原本在体育领域能有所发展和成就,但受各方面因素的影响却走上了经商的道路,这就属于动机的方向问题。又如,在相同的环境和条件下,有的人能刻苦训练,朝着既定的目标努力奋斗,而有的人则不能,这就是动机的强度问题。

人们参与某种活动的动机,其方向和强度受各种因素的影响,归结起来主要有人的内部需要和外部条件两个方面。内部需要是指个体因对某种东西的缺乏而引起的内部紧张状态和不舒服感。例如经常参加体育锻炼的人,一旦形成了这一锻炼习惯后,如果某一天停止了这一锻炼就会产生强烈的不适感。外部条件主要指的是环境因素,这些因素主要包括各种生物性的和社会性的因素。如学生在运动会上取得了优异的比赛成绩,学校部门给予一定的物质与精神奖励。需要注意的是,人们的各种行为可由需要引起,也可由环境引起,是内外因素相互作用的结果。其中主要以内因为主,外因起到重要的辅助作用,有时候甚至还能起到决定性作用。但不论如何,都应激发人的强烈的动机,这样才能决定人的行为,实现既定的目标。

3. 动机的分类

依据不同的分类标准,动机可以分为不同的种类。以下是几种常见的分类标准。

(1) 生物动机和社会动机

一般情况下,人的生物动机与社会动机主要是根据需要的种类和对象来决定的。生物性动机是以人的生物性需要为基础的

第四章 健康体适能知识促进大学生体力活动参与长效性的理论路径诠释

动机;社会性动机是指以成就动机、交往动机为基础的动机。

(2)物质动机和精神动机

依据动机所追求的对象进行分类,可将动机分为物质性动机和精神性动机两种形式。这一分类非常注重动机与需要之间的关系,认为需要决定动机。在具体的行为中,物质动机与精神动机的激发要结合起来使用。

(3)直接动机和间接动机

依据人的兴趣和特点进行分类,可将动机分为直接动机和间接动机两种。其中,以直接兴趣为基础,指向活动过程本身的动机是直接动机;以间接兴趣为基础,指向活动的结果的动机就是间接动机。这两种动机都属于人的内在动机的重要组成部分。不论是直接动机还是间接动机的激发都对于目标的达成具有非常重要的作用。例如,有些大学生对于某一项运动项目具有强烈的兴趣,并且认为这一运动项目对于自身的发展具有非常大的帮助,从而以积极饱满的态度投入学习之中,这种动机就属于直接性动机。而有些学生则把运动训练仅仅看成是获得比赛胜利的一个手段,对这项运动或者运动训练并不感兴趣。这一动机就属于间接性动机。这两种动机在现实生活中都是普遍存在的。

(4)外部动机和内部动机

①外部动机和内部动机的含义

根据动机的来源进行分类,可将动机分为外部动机和内部动机两种类型。由客观原因引起的动机称为外部动机;而由主观原因引起的动机则称为内部动机。无论是外部动机还是内部动机,都对人的行为产生重要的影响,其中内部动机的影响可以说是最大的。

在外部动机中,社会性需要是这一动机产生的重要基础,是外部对人们的各种行为的驱动。人们在参加某一项活动中,如果取得了优异的成绩就会受到一定的奖励,这种奖励能很好地满足自己的社会性需要,获得满足感和成就感。例如某一名大学生参加体育比赛的主要目的在于取得优异的比赛成绩,获得某种奖励,或者满足自己的成就需要等。总之,行为的动力主要来自外部的动员力量。

与外部动机不同,内部动机主要以生物性需要为基础,人们通过参加各种各样的活动,在展示自己的同时实现人生的价值,这主要来源于内动动力的推动,受内部动机的驱动,人们往往能产生更为强大的力量,从而实现既定的目标。例如,有一部分大学生为了满足自身的心理需要而参加某一项比赛,即使没有观众,没有奖励,他们也会凭借着自己的信念和爱好全身心地投入比赛之中,这就是内部动机在发挥作用,这一内部动机的作用要比外部动机的效果更好。因此,教师在引导学生参加体力活动时,要善于激发学生的内部动机,这样才有利于取得理想的锻炼效果。

大学生在参加体力活动时会受到内部动机与外部动机的重大影响。随着时代的不断发展,大学生参加体力活动的动机更加丰富,其动机既有外部的又有内部的,受这两种因素的影响,大学生激发出参加体育锻炼的各种行为(图 4-1)。对于参加体育锻炼或体育比赛的大学生而言,他们在参加这些活动的过程中能感受到身心的愉悦,获得成就感与满足感。从这一层面来说,内部动机要比外部动机的作用更大。因此,善于激发大学生的内部动机对于大学生参加体力活动是非常重要的。

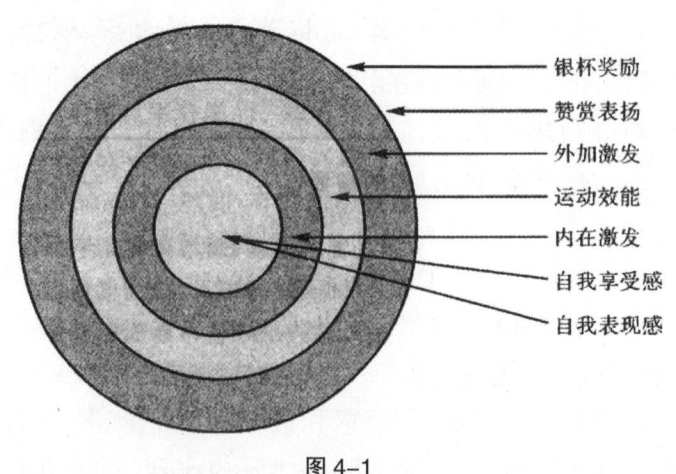

图 4-1

②外部动机与内部动机的关系

外部动机与内部动机之间的关系非常密切,外部动机对人的影响既可能是积极的,也可能是消极的,这要因具体情况而定;在某些情况下,外部动机可能会加强内部动机,也有可能会削弱内部动机。通常情况下,这主要取决于外部奖励机制是否健全和完善。如果奖惩适当,那么外部奖励的多与少,甚至合理的批评与惩罚都可能会激发人的更加积极的行为,并促进外部动机向内部动机的转化。反之,则有可能破坏内部动机,不利于激发人们参与活动的积极性。从而不利于各项活动的顺利进行。

美国心理学家德西曾经做过一项研究,他将测试人员分为三组,让他们去完成一些有趣的特定题目。甲组被试在开始解题之前就被告知每解出一道题就付给多少酬金,乙组被试是在完成规定的解题任务之后宣布解出一题的酬金,丙组被试不给任何报酬。在规定的解题时间结束之后,三组被试留在各自的房间里,所有房间里放有杂志和另外一些同样类型的问题。他们可以在房间内随意从事任何活动,没有其他人在场,也不对他们提出任何要求。实验的假设是此时仍去解题的人,是纯粹由于兴趣即内部动机所驱使。

通过实验研究发现,乙组(实验后才给报酬)和丙组(不给任何报酬),在实验后自由活动的时间里要比实验前就告知会给报酬的甲组有更多的人去继续解题。因此,德西根据这一结果得出了奖励会产生使内在动机削弱的效应的结论。这种效应以后就被称为德西效应。这一实验在当时引起了强烈的反响,为动机理论的研究与完善作出了应有的贡献。

伴随着社会的不断发展,人们的认知水平也逐步提升。一些心理学家们认为仅仅将动机分为内部和外部两个方面还显得不是很科学和合理,而真正影响行为自我激发和调节的是人们对行为的自主性或控制性意识。自主性是指自主选择行为和承担行为责任的程度;控制性是指在某种压力下做出特定行为的程度。而奖励是属于一种社会控制的手段,它在一定程度上限制了人自主性的发挥。德西试验的结果使他认为：事先就告知将给予奖励的被试，在完成工作任务的过程中，就会把当前做的事归于因为我将为此得到报酬，也会考虑给予我的奖励对于我所要完成的任务来说是否值得一干。而在完成解题任务后给予奖励的被试的内部动机未被削弱，这一点或许正是考虑给予奖励的时机的依据。

尽管德西效应实验取得了一定的成果，但这一实验的设计还是显得比较简单，没有充分考虑到动机的各项要素。如果将试验设计更加丰富一些，例如在给予物质奖励的同时再加上对被测试者的能力进行积极肯定的正面反馈，这里所说的正面反馈是指在给予奖励的同时，用语言或其他精神层面的形式表明奖励是对受奖人能力和水平的一种积极肯定，在这两种情况下，效应就会更加复杂。

综上所述，共有三个因素可以决定动机从外部向内部的转化：

第一，是否有足够的外部奖励使运动员产生积极的心理反应。

第二，是否使运动员体验到了足够的成功感和成就感。

第三，是否能让运动员充分意识到外部奖励的作用和效果，意识到奖励不是目的，获得成就感与满足感才是最终的目的。

（5）缺乏动机和丰富动机

根据动机的多样化来划分，可将动机分为缺乏性动机和丰富性动机两种类型。缺乏性动机主要是指以制止破坏、排除缺乏、避免威胁等需要为特征的动机，这一动机是普遍存在的。例如，有学生害怕失败，在参加比赛前找借口退出比赛，就属于缺乏性动机，这一动机对大学生的发展是不利的。又如，某运动队的学生为了保住自己的主力位置而不得不刻苦地参加运动训练，以此来提升自身的运动水平，这也属于缺乏性动机。伴随着队内竞争强度的改变，学生的运动训练情况也会发生相应的变化。

丰富性动机主要是以体验乐趣、寻找新奇、获得满足、有所成就和有所创造等欲望为特征的动机。这一动机与缺乏性动机有着很大的不同，它一般主要趋向张力的增强。例如，活泼好动的

第四章 健康体适能知识促进大学生体力活动参与长效性的理论路径诠释

大学生通常喜欢参加蹦极、越野、探险等各种刺激性的活动,他们在参加这些活动的过程中能感到兴奋和愉悦,他们都希望追求刺激而不是避免刺激。这就是丰富性动机的作用,在丰富性动机的激发下,学生往往能获得好的发展。对于大学生参加各种各样的体力活动而言也是如此。

(二)激发学生体力活动动机的基本原则

1. 给学生适当自主权的原则

大量的研究与实践表明,适当给人控制和选择自己生活的权力,可以有效激发和培养人们的动机,激励学生以更加饱满的热情投入学习与生活之中,这样能很好地提高学习的效率,提高学生参加体力活动的有效性和科学性。

现代学校教育主张"以人为本"的基本理论,"以人为本"主要指的是以学生为中心,学生是教学活动的重要主体。可以说,只有学生是最了解自己的,教师只是在其中起着重要的领导和指导作用,如果学生能够通过自身的努力结合自身的具体实际自己设置训练计划,并掌握正确的训练方法,则他们就可能更有责任心去贯彻和执行自己亲手制定的训练计划,这样能有效提高参加体力活动的水平和效率。

由于青少年学生还具有心理不稳定性的特点,因此有很多教师都会担心学生不能很好地约束自己,不愿意下放权力给学生,大部分的体力活动方案都由教师包揽和安排,体力活动的主动权都在教师手中,学生只是完全按照教师指定的体力活动方案按部就班地参加活动,这对于学生积极主动参与体力活动意识的培养是十分不利的,不利于学生运动动机的培养和激发。因此,这就需要及时转变旧有的思想观念,以学生为中心,适当放权给学生参加体力活动的自主权,激发他们参与体力活动的积极性。

因此,在平时的教学活动中,教师应结合学生的特点与具体教学实际适当下放权力给学生,努力培养学生的自主性和责任心,提高学生主动学习的意识,提高学生自我思考与自我解决问题的能力。这对于学生内部动机的激发与培养是非常有帮助的,不仅有利于教学质量的提高,而且也有利于学生的日常生活。

教师在下放自主权给学生的过程中,要时刻注意以下三方面的要求。

(1)依据当前的教学实际情况,结合学生的综合能力和水平,有选择性地下放自主权给学生。在组织教学活动的过程中,教师要监督审核学生制定的学习计划,并给予一定的帮助和指导。

(2)在对学生进行放权后,要耐心地帮助学生参与各项工作的决策,不要急于否定或过分干涉指导。为提高教学活动的有效性,教师可以与学生共同商讨教学活动中应注意的问题,并指导学生总结以往活动决策的原因,肯定好的计划,提出不足的意见,对于以往没有涉及的教学问题,则应进行必要的补充。需要注意的是,学生在参与体力活动或教学过程中难免会出现一定的错误,这时就需要教师帮助他们从中汲取教训,帮助学生养成良好的责任习惯,这样就能有效避免今后犯错。

(3)在平时参加各项体力活动的过程中,教师应给予学生必要的指导,指导学生学会站在彼此的角度来审视和思考问题,增进彼此间的关系,这对于学生学习能力的提高具有非常重要的意义。

2. 因材施教的原则

每一名学生都是不同的,在心理素质方面也存在着较大的差异,这是因为学生所处的客观环境都存在着很大的不同,如不同的家庭背景、不同的文化教育水平、不同的个性特征等,受此影响,每一名学生都呈现出与众不同的个性。因此,为提高学生参加体力活动的科学性和有效性,教师要做到区别对待,因材施教,避免过去那种"一刀切"式的教学方法,要结合学生的个人特点设计合理的教学计划或方案。

在平时的教学活动中,并没有一种万能的教学方法适合所有

第四章　健康体适能知识促进大学生体力活动参与长效性的理论路径诠释

的学生,因此,教师应本着从实际出发、因材施教的基本原则,对学生进行有针对性的辅导。如果一味教条式地生搬硬套,就难以取得理想的教学活动效果。例如,有些教师在平时指导学生参加体力活动的过程中言语显得比较"庸俗",有些学生认为教师的语言实在,贴近生活,并没有什么不妥;而对于另一部分思想较为传统的学生而言,他们认为这种语言教学方法会降低教师的权威,从而产生一种不信任感,长此以往这对于学生参加体力活动是非常不利的。

3. 有效激发原则

为更好地激发学生积极主动地参加体力活动,我们可以利用依从、内化和认同三种方法,在平时的教学中,教师可以根据学生的个人情况灵活地选择,也可以根据需要交替地结合采用这三种方法。

(1) 依从方法

依从方法是指利用外部奖励和惩罚的作用来激发运动动机的方法。例如,如果学生在体力活动或各种体育比赛中取得理想的运动效果或者获得好的成绩将能获得一定的奖品,或者如果未能取得预期的效果则会受到一定的惩罚。这种奖惩机制能有效激发学生的运动动机,有利于学生养成良好的自我观念。

(2) 内化方法

内化方法是指通过启发信念和价值观来激发学生内部动机的方法。这一方法对于激发学生参加体力活动的意识也具有良好的效果。例如,学生在参加体力活动锻炼前,教师肯定学生的积极活动行为,相信学生能够取得理想的锻炼效果,对学生给予充分的信任。这就是利用内化方法激发学生产生参加体力活动动机的典型例子。这一种方法对于大学生而言具有不错的效果。

(3) 认同方法

认同方法是指利用教师与学生之间的关系来激发学生参加体力活动动机的一种方法。这种方法与依从方法有着很大的相似性,可以说是依从方法的另一种形式,例如在 2014 年世界杯决赛中,德国队主教练勒夫对自己的队员格策说:"你可以证明自己比梅西强!"这就是通过认同法来激发运动员动机的典型例子,果不其然,格策替补上场后不久就进球,为德国队赢得了"大力神杯"。需要注意的是,利用这种方法激励学生的运动动机时,需要师生保持良好的关系,如果二者之间的关系没有那么亲密就难以引起共鸣,不会获得理想的效果。

综上所述,在使用上述三种方法时,还需要注意以下几方面的问题。

第一,在学生参加体力活动的初期,由于缺乏活动的经验,因此依从方法与认同方法是最为有效的方法。

第二,随着学生年龄及运动经验的增长,内化方法的利用率越来越高,其作用也越来越大。

(三)激发学生体力活动动力的具体措施

大量的实践与事实已充分表明,体力活动对于大学生的健康成长有着十分重要的作用。因此为促进学生的身体健康,要想方设法地激发学生参与体力活动的内在动机。动机可以说是一种心理过程,它使人们产生并维持具有目的性的行为。一般来说,动机主要是由能量和目的二者共同构成的。能量是指人从事体力或脑力活动时的动力,目的是指使用这动力要达到的结果。①

1. 尊重并满足运动员的各种需求

学生参加体力活动的动机的培养与激发要讲究一定的方法和手段,可以通过尊重并满足学生的各种需求来进行,包括对学生自主权的认可、学生归属感的需要、学生参加体力活动的乐趣等,通过满足这些需求,可以充分激发学生参加体力活动的动机,进而产生体力活动的行为。

---

① 陈昂.儿童体力活动动机研究的 10 大问题[J].北京体育大学学报,2015,38(5):1—7.

2. 讲述运动员的成功案例

成就动机可以说属于一种较高级的社会性动机,它是指个体积极主动地从事自认为重要或有价值的活动,并力求实现目标、达到完美的一种心理倾向。它是在成就需要的基础上产生并获得逐步发展的,是一种重要的推动力量。在平时的活动中,教师可以给学生讲述一些成功运动员的经典案例或者励志故事,激发学生参加体育锻炼的成就动机,提高其动机水平。

3. 采取适当的竞争活动

通过适当的竞争活动也能有效激发学生参与体力活动的动机和行为,尤其是对于处于青春期的学生而言,这一种方法具有明显的效果。因为处于青春期的大学生普遍具有强烈的好胜心,通过一系列的竞争活动能充分激发他们的求胜欲。通常来说,竞争的形式主要有个体竞争、团体竞争和自我竞争三种形式,这三种形式各不相同,都有自身的特色。教师在指导学生参与体力活动时需要结合起来使用。其目的都在于激发和调动学生参与体力活动的积极性和创造性。

为保证竞争对运动动机的培养和激发产生积极的作用,使消极后果得到尽可能的避免,需要注意以下几个事项。

(1)教师要指导学生参与良好的竞争,形成良好的竞争氛围,竞争的内容和形式应保持多样化。

(2)竞争的形式可以结合具体的实际进行选择,通常情况下应以团体竞争为主。

(3)学生参与的竞争活动要适量,不能过分。

(4)个体间的竞争要注重以学生的能力进行分组,否则难以起到理想的竞争效果。

(5)个体间的竞争要指导学生充分展示自己的能力,帮助学生树立勇于拼搏的精神,杜绝骄傲情绪和自卑心理,帮助学生养成良好的心理品格。

4. 对运动训练结果进行合理反馈

对学生参加体力活动的结果进行必要的反馈,能有效激发和提高学生的动机水平。总的来说,这种反馈的形式有很多种,如社会性评价,指教师面对全体学生对某一名学生展开具体的评价(表扬或者批评);象征性评价,教师对积极参加体育锻炼的学生实施一定的奖励(物质奖励或者精神奖励);客观性评价,教师对学生积极参与体力活动的行为提出表扬或打出分数等。由此可见,反馈形式是多种多样的,这就要求教师科学地选择和运用相应的反馈形式。

在具体的评价活动中,教师通常要以他们的进步或退步情况为依据来给予学生相应的表扬或批评。表扬和批评都能够对学生的努力和进步起到积极的促进作用。具体来说,要做到以下几方面的要求。

（1）在平时的教学活动中要多鼓励学生,对学生提出严格的要求,该奖励时奖励,该惩罚时惩罚。

（2）每一名学生都是不同的,要针对不同年龄、不同性别和不同能力的学生实施不同的教学方案。

（3）教师要将表扬和批评的重点放在个体的具体行为表现上,而不是最后的成绩。

（4）要建立一个客观有效的评价标准,让学生学会自我批评。

（5）要公开表扬,私下批评,理智、慎重地使用惩罚。

二、构建期望价值模型

（一）期望价值对于学生参加体力活动的作用

期望价值动机可以说是社会认知理论的重要内容,这一理论对于动机激发的研究具有重要的意义。对于青少年体力活动的参与,如何建立正确的活动动机也具有重要的指导意义。

一般来说,期望价值动机主要包含期望信念和任务价值,期

第四章 健康体适能知识促进大学生体力活动参与长效性的理论路径诠释

望信念是指个人为实现不同的任务,并对任务的成功表现所做的预估;任务价值是通过任务的综合评估来影响自身的判断,以激发内在动机的行为。[①] 通常一个人的期望信念高时,他的任务价值就会变低,因为往往较高的期望信念会产生更加积极的参与动机,从而导致表现任务价值降低。

大学生在参加体力活动的过程中,通常都会有一定的期望信念,这一信念的建立对于大学生参加体力活动具有重要的意义。据调查发现,参与者对于自己擅长的活动往往表现出更强的参与欲望,对自我能力的认知比其自身能力更为重要。通过对美国初中生的研究发现,期望信念会直接影响学生体育课的技能成绩,而技能成绩又会影响学生课后体育锻炼参与,所以期望信念会间接影响学生课后体育锻炼参与,因此关于这一点要引起重视。教师在指导学生参加各项体力活动时要帮助学生建立良好的期望信念。

有一项研究发现,期望信念对于学生参加课外体力活动具有重要的作用,但是对于体育课的价值认识没有表现出明显的关系。据进一步的研究发现,期望信念对于青少年学生体力活动具有显著预测作用,而任务价值却没有转化为应有的体力活动行为。究其原因,价值观转化为内在的身体行为受多种因素影响,班级环境、教师和同学等都会对学生的任务价值产生影响,在不同的环境中,任务价值对于体育锻炼的影响效应值也有所差异。所以,在未来研究中,我们要更多地关注班级环境、教师和同学关系对学生运动参与价值观的影响,要努力营造一个良好的群体锻炼环境对学生施加积极的影响,激发学生参加各种体力活动的积极性。这与终身体育的基本理念也是相吻合的。

(二)期望价值模型的构建

据美国的一项调查研究发现,期望价值模型有助于我们理解

[①] 高庆勇.青少年体力活动水平与健康相关生活质量的 logistic 回归分析——基于期望价值模型的视角[J].体育成人教育学刊,2019,35(6):34-40+49.

青少年心理动机因素以及由动机所产生的结果。这一模型主要涉及青少年学生的成就动机选择,包含相关期望信念和主观任务价值,期望信念主要指个人为实现不同的任务以及接下来任务表现对个人能力所做的评估,任务价值是指个人针对任务的重要性、实用性和兴趣进行选择。个人期望信念和主观任务价值会决定其成就动机选择,具体路径如图4-2所示。

根据这一模型理论可以发现,通常情况下,期望信念较高的学生往往在体育课上表现得更为活泼和积极,他们会根据自身的能力对任务的实现有一定的预期,这就会对其动机的选择产生重要的影响。

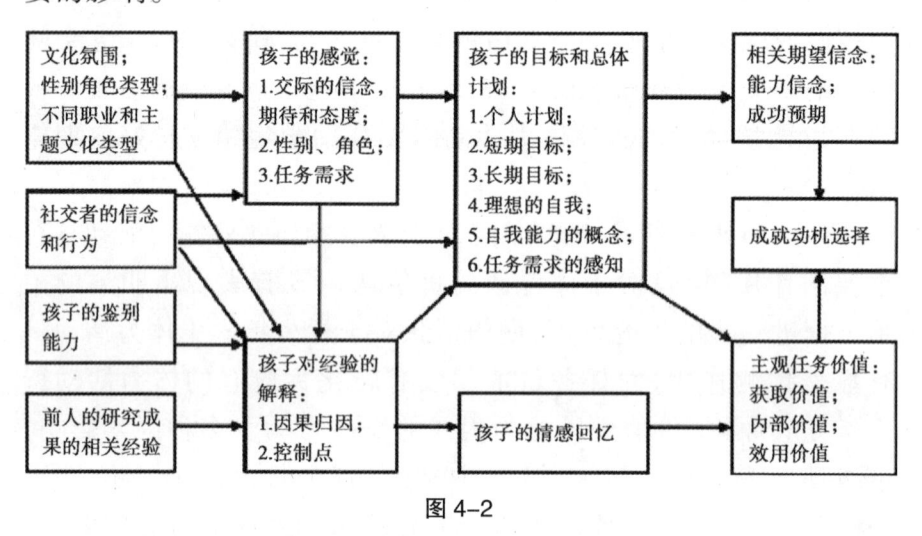

图 4-2

另据调查研究,学生体育课参与动机与其课后体育锻炼有较强的关联性,而有规律的体育锻炼有助于改善学生的体质健康和心理健康,同时有助于提高学生的健康生活质量。[①]

三、树立自我效能信念

相关研究发现,自我效能感可以说是大学生参加体力活动中

---

① 高庆勇.青少年体力活动水平与健康相关生活质量的logistic回归分析——基于期望价值模型的视角[J].体育成人教育学刊,2019,35(6):34-40+49.

第四章 健康体适能知识促进大学生体力活动参与长效性的理论路径诠释

情绪关系变化的重要中介变量。自我效能感是指个体对执行某特殊行动以达到某特殊目的的自身能力的信念。

自我效能理论认为,行为是由自我效能和结果期望决定的,自我效能感强的人,在应对各种不同环境的挑战时表现出更高的自信心,更能坚持行为的预期。而自我效能理论源于交互决定论,在交互决定论的框架下,自我效能感能够影响行为,那么行为同样也会影响自我效能感。

伴随着现代社会的不断发展,人们对于体育锻炼的认知进一步发展,大都能充分意识到体育锻炼的价值与意义,很多人都养成了积极参加体育锻炼的行为,这对自我效能感也能产生积极的改变。而大量的研究则表明,积极参与体育锻炼对大学生自我效能感有明显的提高作用。[1] 除此之外,自我效能感对青少年学生负性情绪的调节也能起到重要的作用。有研究显示,自我效能感对抑郁、焦虑等症状具有负向预测作用。因此,自我效能感可能是体育锻炼影响大学生负性情绪的重要"桥梁"。大学生在参加各项体力活动时要树立正确的自我效能信念,这样才能将体力活动引入科学正确的轨道,从而促进学生身心的全面健康发展。

---

[1] 刘朝辉.体育锻炼对大学生负性情绪的影响——自我效能感与心理韧性的中介和调节作用[J].体育学刊,2020,27(5):102-108.

第五章　大学生健康体适能的测量与评价

大学生健康体适能测试是高校体育工作中的一项重要内容，也是学校教育评价体系中必不可少的一部分。通过科学的体适能测评，可以了解大学生的体质健康状况，从而为有针对性地实施健康体适能干预手段提供依据，最终提高大学生的体质健康水平。本章重点对大学生健康体适能的测量与评价进行研究，首先分析健康体适能测试项目，然后重点研究大学生心肺耐力、身体脂肪、肌适能、平衡适能以及柔韧适能的测评方法。

第一节　健康体适能测试项目

健康体适能包括身体成分、心肺适能、柔韧适能、肌肉适能，这些都是健康体适能的主要测试项目。此外，平衡适能的测试也很重要。下面简要分析这几个测试项目。

一、心肺耐力

测量心肺耐力时，运动负荷试验方法是测试者主要采用的方法，通过该方法对受试者完成定量负荷所需的时间进行统计，并对受试者在完成后的心肺功能反应进行观察。也可以将测试时间固定下来，对受试者在规定时间内完成的运动负荷量进行统计。采用这一试验方法，可以了解受试者的心肺耐力水平。常见的心肺耐力测试指标有安静时心率、台阶试验、1600 米跑、12

分钟耐力跑和20米往返跑等。《国家学生体质健康标准》中,将800米(女)、1000米(男)作为心肺耐力的测试项目。

二、身体成分

测量人的身体成分,可以了解胖瘦情况。有的人虽然体重一样,但是肥胖程度不一样,这主要是因为不同人体内的脂肪、肌肉所占的比例大小不一样。判断一个人是否肥胖,不能只看体重,而要看身体脂肪的占比。一个人是否肥胖,是否需要减肥,要根据身体成分的测评结果来判断。

在身体成分的评价中,体脂百分比是一个主要指标,但是因为一般要用专门的器材来测定体脂百分比,而且测定程序复杂,难度大,所以可将身体质量指数(BMI)作为身体成分评价的主要指标。

三、肌肉适能

一般通过采用以下两种方法来测试肌肉适能。

第一种主要对肌肉最大力量进行测定,即肌肉一次用力收缩时产生的最大力量。测量指标有坐蹲起、过头拉引等。评价大学生肌肉力量的常用指标有握力、仰卧起坐、俯卧撑、立定跳远和垂直纵跳等。

第二种主要是对肌肉的耐力进行测定,即在较大负荷下肌肉重复收缩的持续时间或次数。测量指标有俯卧背伸展、仰卧起坐、单杠屈臂悬垂、引体向上。

四、平衡适能

一般来说,平衡适能指的是人体保持平衡处于一种稳定状态的能力。从生物学角度来看,平衡适能是指身体对来自前庭器官、肌肉、肌腱、关节内的感受器以及视觉等各方面刺激的协调能力。平衡适能有两种表现方式,一种是静态平衡,测量指标有闭眼单脚站立、踩木测验等。另一种是动态平衡,测量指标与方法有侧跨跳平衡法、平衡木行走等。

五、柔韧适能

在柔韧适能的测量与评价中,可以直接用仪器测量某一关节的活动范围,也可以选择一些主要指标进行测试,测试方法应简便易行,能充分反映受试者的柔韧素质。

常见的柔韧适能测试指标有坐位体前屈、伏地起身、后屈体造桥、屈臂上抬、转肩、臂夹棍转体等。

第二节 心肺耐力测评

一、心率测评

安静时心率测量是评价心血管机能的一个重要指标,为确保测量的准确性,建议连续一周重复测量基础心率,记录测量结果,最后计算平均值和波动差值来评价心脏机能。

(一)测量仪器

测量安静时心率时要准备好秒表计时器。

(二)测量方法

每天清晨对静卧、空腹、清醒等不同状态下的晨脉进行测量,连续测量一周,每天都要做好记录。

（三）评价标准

平均基础心率 =1 周心率之和 /7，将计算结果对应基础心率均值评价表（表 5-1）来评价受试者的心血管机能。

表 5-1　基础心率均值评价表[1]

心率	一	二	三	四	五	六	日	均值评价
95								基础心率太快，心脏功能很差，应及时检查 评价等级：差
94								
93								
92								
91								
90								
89								
88								
87								
86								基础心率很快，心脏功能较差，缺乏锻炼 评价等级：下
85								
84								
83								
82								
81								
80								
79								
78								

---

[1] 杨瑞鹏.行为学理论干预下的大学生体育锻炼行为与体质健康促进研究[M].长春：吉林人民出版社，2017：152.

续表

心率	一	二	三	四	五	六	日	均值评价
77								基础心率较快，心脏功能一般，可承受的运动强度较小 评价等级：中
76								
75								
74								
73								
72								
71								
70								
69								基础心率正常，心脏功能较好，保持锻炼 评价等级：良
68								
67								
66								
65								
64								
63								
62								基础心率较慢，心脏功能好 评价等级：优秀
61								
60								
59								
58								
57								
56								
55								

第五章　大学生健康体适能的测量与评价

心率波动差值 =1 周基础心率中的最大值 – 最小值,对照基础心率波动差值评价表(表 5-2)进行评价。

表 5-2　基础心率波动差值评价表[1]

等级	周基础心率均值	周基础心率波动值
优	55	1 ~ 3
良	65	4 ~ 6
中	75	7 ~ 9
下	85	10 ~ 12
差	90	13 以上

二、800 米 /1 000 米跑

(一)场地器材

田径场地,秒表、口哨、发令旗等。

(二)测量方法

两人一组,发令员吹哨,同时摆动发令旗,受试者听到哨声后快速起跑,计时员开表计时,受试者跑完全程后计时停止,记录时间(精确到 0.1 秒)。

(三)评价标准

受试者跑完全程用的时间越短,说明耐力越好。
根据《国家学生体质健康标准》,大学生耐力跑评分标准见表 5-3。

---

[1] 杨瑞鹏.行为学理论干预下的大学生体育锻炼行为与体质健康促进研究[M].长春:吉林人民出版社,2017:154.

表5-3 大学生耐力跑评分标准(单位:分·秒)[1]

等级	成绩	1000米(男) 大一、大二	1000米(男) 大三、大四	800米(女) 大一、大二	800米(女) 大三、大四
优秀	100	3′17″	3′15″	3′18″	3′16″
	95	3′22″	3′20″	3′24″	3′22″
	90	3′27″	3′25″	3′30″	3′28″
良好	85	3′34″	3′32″	3′37″	3′35″
	80	3′42″	3′40″	3′44″	3′42″
及格	78	3′47″	3′45″	3′49″	3′47″
	76	3′52″	3′50″	3′54″	3′52″
	74	3′57″	3′55″	3′59″	3′57″
	72	4′02″	4′00″	4′04″	4′02″
	70	4′07″	4′05″	4′09″	4′07″
	68	4′12″	4′10″	4′14″	4′12″
	66	4′17″	4′15″	4′19″	4′17″
	64	4′22″	4′20″	4′24″	4′22″
	62	4′27″	4′25″	4′29″	4′27″
	60	4′32″	4′30″	4′34″	4′32″
不及格	50	4′52″	4′50″	4′44″	4′42″
	40	5′12″	5′10″	4′54″	4′52″
	30	5′32″	5′30″	5′04″	5′02″
	20	5′52″	5′50″	5′14″	5′12″
	10	6′12″	6′10″	5′24″	5′22″

三、有氧运动效率测定

在有氧代谢条件下人体单位时间内耗氧量的运动能力就是所谓的有氧运动效率,通过测试人体在有氧代谢下每升耗氧量的做功能力来评价其有氧运动效率。

---

[1] 许强.国家学生体质健康标准测试项目[M].延吉:延边大学出版社,2018:46.

第五章　大学生健康体适能的测量与评价

人体的运动能耗、耐力素质是与有氧运动效率有密切关系的重要因素。有氧运动效率低的人和有氧运动效率高的人相比，在运动速度相同的情况下，前者能量消耗比后者大。有氧运动效率低的人在耐力运动中很难坚持较长的时间，而有氧运动效率高的人能很好地完成耐力性运动。在耐力性运动的比赛中，当其他条件相同时，有氧运动效率高的人获胜的概率更大。研究发现，人体最大吸氧量的相对值并不会随着人的生长发育而有明显的增加，甚至有下降的可能，但即使如此，有的人依然能够参加有氧耐力运动，而且取得较好的运动成绩，这主要是因为人体有氧运动效率得到了提高。

参加跑步、游泳、自行车等运动，都可以对运动速度与稳态耗氧量的关系曲线进行绘制。通过绘制人体运动速度与其稳态耗氧量的关系曲线，可以检测人体有氧运动效率。图 5-1 所示的是跑步时跑速与耗氧量的关系，绘制这一关系曲线时，要先对受试者在水平角度跑步机上及稳态运动条件下完成不同跑速的吸氧量进行测试。从图中可以看出，相同运动条件下，受试者 B 的耗氧量比 A 大，证明 B 有氧运动效率不及 A。

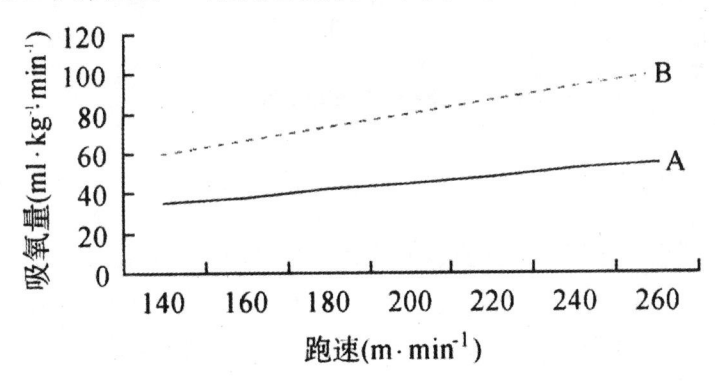

图 5-1　跑步跑速与耗氧量关系示意图

第三节 身体脂肪测评

一、皮褶厚度测量

(一)测量仪器

皮褶厚度测量采用的仪器是皮褶厚度计,如图 5-2 所示。使用前要将指针调至 0 点。

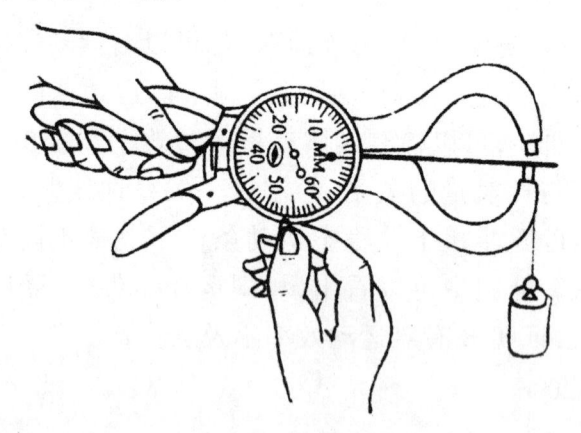

图 5-2 皮褶厚度计

(二)测量方法

受试者保持基本站姿,将测试部位露出。测试者将测量点选好后,左手捏起受试者的皮褶,右手操作仪器使卡钳卡在捏起部位的下方,大约与捏起部位间隔 1 厘米,指针稳定不动后,读数记录(单位为毫米,取小数点后一位)。重复进行 3 次测量,最后取中间值。注意尽可能减少误差。

通过测量皮褶厚度来评价受试者的身体脂肪含量时,常选的测量部位如图 5-3 所示。

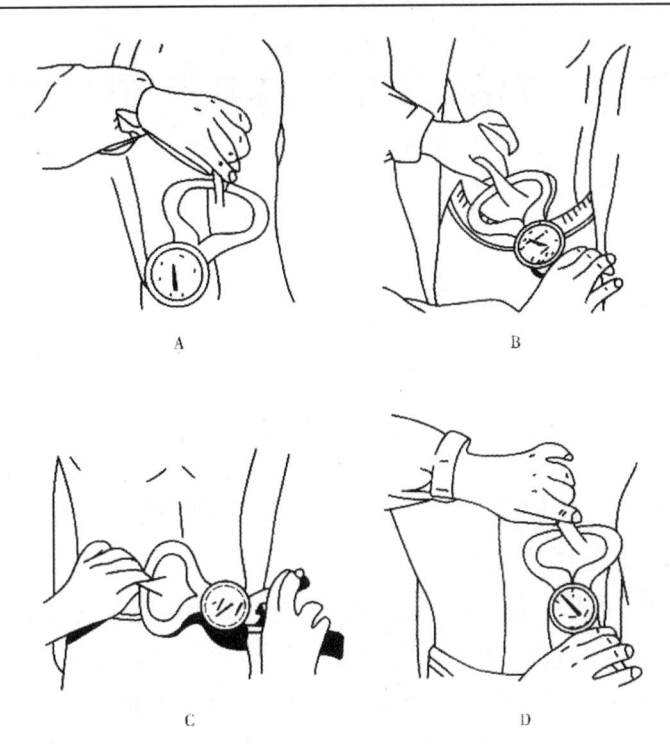

第五章 大学生健康体适能的测量与评价

图 5-3 人体到褶厚度测量部位

（A. 上臂部；B. 肩胛部；C. 腹部；D. 髂部）

（三）评价标准

用皮褶厚度评价大学生肥胖程度时，可参考表 5-4 的标准。

表 5-4 用皮褶厚度评价肥胖程度的标准[1]

性别	年龄	轻度肥胖 皮褶厚（mm）	轻度肥胖 体脂（%）	中度肥胖 皮褶厚（mm）	中度肥胖 体脂（%）	高度肥胖 皮褶厚（mm）	高度肥胖 体脂（%）
男	6~8	20	20	30	25	40	30
男	9~11	23	20	32	25	40	30
男	12~14	25	20	35	25	45	30
男	15~18	30	20	40	25	50	30
男	成人	35	20	45	25	55	30

---

[1] 袁尽州，黄海.体育测量与评价[M].北京：人民体育出版社，2011：45.

续表

性别	年龄	轻度肥胖 皮褶厚（mm）	轻度肥胖 体脂（%）	中度肥胖 皮褶厚（mm）	中度肥胖 体脂（%）	高度肥胖 皮褶厚（mm）	高度肥胖 体脂（%）
女	6~8	25	25	35	30	45	35
女	9~11	30	25	37	30	45	35
女	12~14	35	25	40	30	50	35
女	15~18	40	30	50	35	55	40
女	成人	45	30	55	35	60	40

注：皮褶厚度＝臂部＋肩胛部

库茨尔曼还提出了一种比较简易的体脂比例测量法，采用这种方法时要先计算皮褶厚度总和，然后查找评价标准，得出体脂百分比，从而进行评价。在这种方法的运用中，针对不同性别的受试者，测试的部位也有区别，女子主要测量两个部位，肱三头肌部和髂嵴；男子除了测量这两个部位外，还要测量肱二头肌和肩胛部，共四个部位。测量各部位的皮褶厚度后，计算总和，再查找对应的体脂比，见表5-5。

表5-5 皮褶厚度估计体脂百分比[1]

男 皮褶厚度总和/mm	男 体脂/%	女 皮褶厚度总和/mm	女 体脂/%
15	5	8	13
20	9	12	14
25	11	14	15
30	13	18	16
35	15	20	17
40	17	24	18
45	18	26	19
52	20	30	20

---

[1] 孙庆祝，郝文亭，洪峰. 体育测量与评价（第二版）[M]. 北京：高等教育出版社，2010：102.

续表

男		女	
皮褶厚度总和 /mm	体脂 /%	皮褶厚度总和 /mm	体脂 /%
55	21	32	21
60	22	34	22
65	23	38	23
70	24	40	24
75	25	42	25
80	26	44	26
90	27	48	27
100	28	50	28
110	29	52	29
120	30	56	30
130	31	58	31
140	32	62	32
150	33	64	33
160	34	68	34
175	35	70	35
190	36	72	36
205	37	76	37
220	38	80	38
235	39	82	39
255	40	86	40
275	41	88	41
295	42	90	42

二、生物电阻抗法

美国国家健康研究所提出了生物电阻抗法(BIA),通过对电流通过身体脂肪组织和非脂肪组织时的差别进行测量,从而对各身体成分所占的比例进行计算。和脂肪组织相比,非脂肪组织的电荷容量更高,导电性更强。有些身体成分研究与测评方法不仅不易操作,而且需要投入较多的资金才能顺利运行。而生物电阻抗法则有很大的优势,操作简便,经济成本低。不同的身体成分对于电流的抗阻程度是有区别的,脂肪和骨矿物质对于电流的阻抗程度较高,体液对于电流的阻抗程度较低。

采用生物电阻抗技术来分析与测量身体成分具有以下重要意义。

(1)了解受试者体质健康水平,为其健身锻炼制定相应的计划。

(2)对不同人群身体成分的差别进行分析,了解身体成分与年龄、性别的关系。

(3)对身体成分的影响因素有所了解,如遗传、环境、营养等。

(4)对肌肉型超重和肥胖加以区分,为有减重和减肥需求的人寻求最佳方法。

(5)为科学饮食和合理补充营养提供指导,促进最佳体适能的形成与保持。

(6)通过了解身体成分,发现健康问题,及时预防心血管疾病、糖尿病或其他慢性疾病。

(7)对理疗康复的效果进行评价,以科学方式促进康复。

(一)测量方法

作为一种常见的身体成分测量方法,生物电阻抗法具有简单性、安全性、无创性等特征。这种测量方法的运行原理是向人体输入微量电流对电流阻抗的情况进行测量,然后对各身体成分的含量进行推算。人体肌肉中存在很多的水分,所以体内去脂组织是良导电体,而脂肪组织导电性差一些。根据电阻抗能够将体内的水分含量计算出来,进而对去脂体重和脂肪比例进行推算。生物电阻抗法测量原理如图5-4所示。

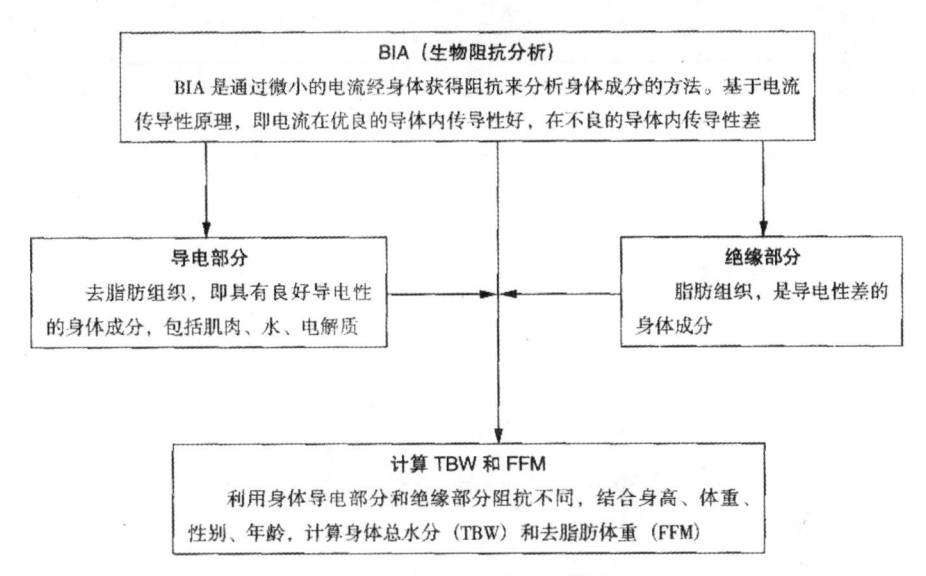

第五章 大学生健康体适能的测量与评价

```
┌─────────────────────────────────────────┐
│           BIA（生物阻抗分析）              │
│  BIA 是通过微小的电流经身体获得阻抗来分析身体成分的方法。基于电流 │
│  传导性原理，即电流在优良的导体内传导性好，在不良的导体内传导性差   │
└─────────────────────────────────────────┘
              ↓                    ↓
┌──────────────────┐      ┌──────────────────┐
│     导电部分      │      │     绝缘部分      │
│ 去脂肪组织，即具有良好导电性 │      │ 脂肪组织，是导电性差的 │
│ 的身体成分，包括肌肉、水、电解质 │      │ 身体成分           │
└──────────────────┘      └──────────────────┘
              ↓
┌─────────────────────────────────────────┐
│           计算 TBW 和 FFM                 │
│  利用身体导电部分和绝缘部分阻抗不同，结合身高、体重、│
│  性别、年龄，计算身体总水分（TBW）和去脂肪体重（FFM）│
└─────────────────────────────────────────┘
```

图 5-4 生物电阻抗法测量原理

生物电阻抗法操作起来比较容易，测试时，受试者不能携带金属物品，在仪器上赤脚站立，双手将仪器上的手部电极棒轻轻握住，拇指轻按电极钮，大约1分30秒后，仪器就能快速将受试者身体部分所占比例测试出来。采用生物电阻抗法进行测试时，瘦体重、肌肉含量、脂肪百分比、腰臀围比值、身体质量指数、局部肢体水分含量是主要测试指标。

（二）评价标准

目前关于理想体脂百分比的标准还没有形成完全一致的观点。男性理想体脂百分比为12%～23%，女性为16%～27%，范围比较大。虽然理想体脂百分比的标准还存在分歧，但关于肥胖的标准，几乎达到了一致的看法，男性和女性分别是大于25%和30%。脂肪在人体各部位的分布特点可从体脂百分比这个指标上反映出来，这个指标可以为确定运动处方提供依据。体脂百分比评价标准见表5-6。

表 5-6 体脂百分比评价标准[1]

评定	男	女
体脂很低	7.0% ~ 9.9%	14.0% ~ 16.9%
低体脂	10.0% ~ 12.9%	17.0% ~ 19.9%
一般正常体脂	13.0% ~ 16.9%	20.0% ~ 23.9%
高于正常体脂	17.0% ~ 19.9%	24.0% ~ 26.9%
体脂很高	20.0% ~ 24.9%	27.0% ~ 29.9%
肥胖病	>25.0%	>30.0%

第四节 肌适能测评

一、肌肉力量测评

（一）过头拉引

过头拉引主要是对双臂肌力进行测量。

1. 测试器材

弹簧秤、磅秤。

2. 测量方法

受试者两脚开立，向上举起双臂，测试者对拉杠高度进行调节，使受试者双臂能刚好将拉杠握住。受试者双手正握杠用力向下拉引，拉引过程中始终保持全脚掌着地，膝盖不能弯曲，不能收髋，不弓腰，肘部可以微屈。测量两次，记录各次成绩，取最好的一次成绩。

---

[1] 裘琴儿.健康体适能理论[M].徐州：中国矿业大学出版社，2012：43.

第五章　大学生健康体适能的测量与评价

3. 评价标准

用最好的成绩除以受试者的体重，用计算结果对照表 5-7 进行评价。

表 5-7　过头拉引测评标准

等级	成绩（相对值）
优	1.07 以上
良	0.98 ~ 1.06
中	0.89 ~ 0.97
下	0.78 ~ 0.88
差	< 0.77

（二）坐蹲起

坐蹲起可以测试腿部肌力。

1. 测量器材

凳子（高度可调节）、杠铃（杠铃重量与受试者的负荷能力匹配，可调节）、垫肩、磅秤。

2. 测量方法

如图 5-5 所示，受试者背向凳子，两脚自然分开站立，双手正握杠铃置于肩颈部。缓慢下蹲直至臀部落在凳子上，然后用力站起。增加杠铃重量，受试者再次完成坐蹲起，按照这种方法测试，直至受试者不能承受杠铃的重量。测量过程中要做好对受试者的保护。

3. 评价标准

取受试者所能承受的最大负荷值（千克），用该值除以受试者的体重，将计算结果对照表 5-8 进行评价。

图 5-5 坐蹲起测试

表 5-8 坐蹲起测评标准

等级	成绩（相对值）	
	男生	女生
优	1.61 以上	1.29 以上
良	1.38 ~ 1.60	1.11 ~ 1.28
中	0.94 ~ 1.37	0.93 ~ 1.10
下	0.81 ~ 0.93	0.75 ~ 0.92
差	0.80 以下	0.74 以下

（三）克劳斯·威伯（Kraus—Weber）肌力检查

在大学生肌肉力量测评中可采用克劳斯·威伯肌力检查方法，该方法可对大学生身体多个部位的肌肉力量进行评价，尤其是腰部肌肉力量、腹部肌肉力量、背部肌肉力量。针对不同部位肌肉力量的测试设计了不同的动作，共包括 6 个动作（图 5-6），下面进行具体介绍。

1. 直腿仰卧起坐（检查腰、腹肌力量）

如图 5-6A 所示，受试者躺在垫子上，双手交叉放在头后，两腿伸直，测试者双手将受试者小腿按住，受试者用力抬起上身重复做仰卧起坐练习。测试过程中注意以下几点。

（1）受试者起坐时要伸直脊柱。

（2）受试者起坐时上体不能左右摇摆。

(3)如果受试者不能独立完成动作,测试者可稍助力。

对于可独立完成测试的受试者、需要助力才能完成测试的练习者以及不能完成测试的练习者,记分时要区别对待,分别记 10 分、5 分和 0 分。

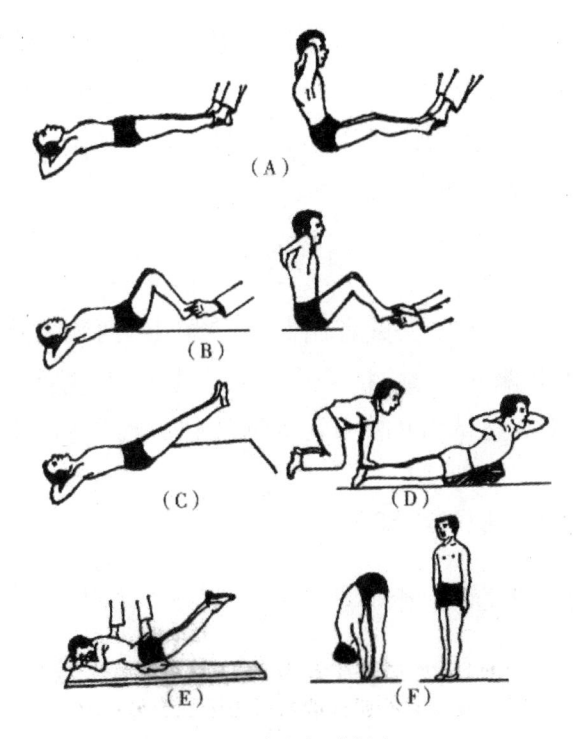

图 5-6 直腿仰卧起坐

2. 屈腿仰卧起坐(检查腹肌力)

如图 5-6B 所示,受试者躺在垫子上,双手交叉放在头后,两腿屈膝,测试者按住受试者两脚,受试者用力抬起上身重复做仰卧起坐练习。如果受试者不能独立完成动作,测试者可稍助力。记分方法同直腿仰卧起坐。

3. 仰卧举腿(检查腰肌与下腹肌力)

如图 5-6C 所示,受试者躺在垫子上,双手交叉放在头后,两腿并拢伸展,两腿同时上举,在距离地面约 10 厘米的位置保持 10 秒,上体保持不动。0~10 秒内,保持的时间数就是分数,如保持 5 秒,记 5 分。

4. 俯卧背伸(检查上背肌力量)

如图 5-6D 所示,受试者俯卧在垫子上,将一个软物(枕头等)垫在下腹部,双手交叉抱头,测试者将受试者小腿按住,受试者努力抬起上体直至最大限度,保持 10 秒。

记分方法和仰卧举腿相同。

5. 俯卧举腿(检查下背肌力量)

如图 5-6E 所示,受试者俯卧在垫子上,两腿并拢伸直,屈臂,头垫在双臂上偏向一侧,将一个软物(枕头等)垫在下腹部,胸部着地,测试者将受试者的背部、臀部按住,受试者两腿同时举起离地,在最高处保持 10 秒。

记分方法和仰卧举腿相同。

6. 立位体前屈(检查背肌与腓肠肌伸展性)

如图 5-6F 所示,受试者立正站好,上体慢慢前屈,直到双手中指尖着地,该姿势保持 3 秒,注意膝盖不能弯曲。

受试者能保持 3 秒,记 10 分,如果中指指尖离地面的距离超过 25 厘米,则记 0 分。

个体评价:只要有一个动作不合格,即总分不合格。

群体评价:对各群体的合格率进行比较。

二、肌肉耐力测评

(一)俯卧背伸

俯卧背伸既能测试背部肌肉力量,又能测试背部肌肉耐力。

克劳斯·威伯肌力检查中的俯卧背伸主要测试的是背部肌肉力量。这里主要分析测试背部肌耐力的俯卧背伸。

1. 测试方法

如图 5-7 所示，受试者在桌子上成俯卧姿势，双手交叉抱头，肚脐部位与桌子边缘齐平，测试者按压受试者小腿使其固定。受试者尽力上抬躯干至最大限度后保持该姿势，对其持续时间进行记录。

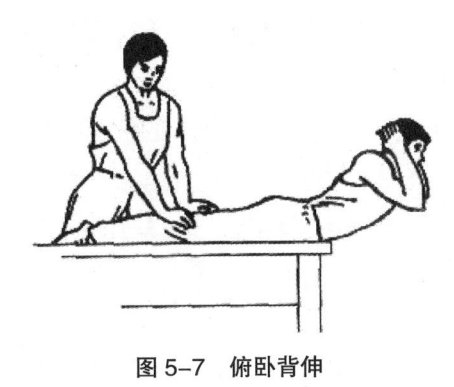

图 5-7　俯卧背伸

2. 评价标准

背肌耐力评价标准见表 5-9。

表 5-9　背肌耐力评价标准

等级	持续时间	
	男生	女生
良好	30 秒以上	20 秒以上
中等	15～30 秒	10～20 秒
差	15 秒以下	10 秒以下

（二）引体向上

引体向上可以测试上肢肌群和肩带肌群的耐力，这种测试方法通常适用于男生。

1. 测试方法

如图 5-8 所示,受试者跳起,双手正握杠,两手间距同肩宽,手臂伸直保持悬垂。身体稳定不再摇晃后,两臂同时用力将身体向上拉,直到下颌超过横杠,然后还原。记录完成次数。

测试中注意以下几个问题。

(1)横杠较高时,做好保护措施。

(2)受试者自己不能跳起握杠时,测试人员提供帮助。

(3)受试者独立完成引体向上动作,测试者可帮助受试者固定身体,以免摆动。

(4)只记录规范的引体向上动作的完成次数。

图 5-8　引体向上

2. 评价标准

完成次数越多,说明上肢肌群和肩带肌群的耐力越好。

《国家学生体质健康标准》中,大学男生引体向上测试的评分标准见表 5-10。

表 5-10 大学男生引体向上测试评分标准（单位：次）[1]

等级	成绩	大一、大二	大三、大四
优秀	100	19	20
	95	18	19
	90	17	18
良好	85	16	17
	80	15	16
及格	76	14	15
	72	13	14
	68	12	13
	64	11	12
	60	10	11
不及格	50	9	10
	40	8	9
	30	7	8
	20	6	7
	10	5	6

（三）斜身引体

斜身引体可测试上肢肌群和肩带肌群的耐力，适用于大学女生。

1.测量仪器

高度可调节的低单杠。

2.测试方法

调节低单杠至受试者胸部高度。如图 5-9 所示，受试者双手正握杠，两手间距同肩宽，两腿向前伸展，身体向斜下方移动，手臂与躯干垂直。同伴压住受试者的两脚帮助固定。受试者屈臂

---

[1] 许强.国家学生体质健康标准测试项目[M].延吉：延边大学出版社，2018：49.

用力向上拉引躯干，使下颌触到横杠，然后手臂伸展还原。记录完成次数。

在测试中要注意以下几点。

（1）受试者要保持动作的规范性，不能挺腹或塌腰，下颌不能低于横杠面，如果一次完成的动作中出现这些不规范的动作，则不能计入总次数。

（2）做好安全防护，如铺一个垫子在单杠下面；受试者后面站一个保护者等。

图5-9 斜身引体

3. 评价标准

完成次数越多，说明上肢肌群和肩带肌群的耐力越好。

（四）仰卧起坐

1分钟仰卧起坐能测试腹肌力和腹肌耐力。

1. 测试器材

软垫、秒表。

2. 测试方法

受试者在软垫上仰卧，屈膝至大小腿垂直，双手交叉抱头，同伴握住脚以帮助固定。受试者收腹坐起，双肘过膝，然后还原，记

第五章　大学生健康体适能的测量与评价

录 1 分钟完成的标准次数。

3. 评价标准

1 分钟完成的次数越多，说明腹肌力量和耐力越好。

根据《国家学生体质健康标准》，大学女生 1 分钟仰卧起坐评价标准见表 5-11。

表 5-11　大学女生 1 分钟仰卧起坐评价标准（单位：次）①

等级	成绩	大一、大二	大三、大四
优秀	100	56	57
	95	54	55
	90	52	53
良好	85	49	50
	80	46	47
及格	78	44	45
	76	42	43
	74	40	41
	72	38	39
	70	36	37
	68	34	35
	66	32	33
	64	30	31
	62	28	29
	60	26	27
不及格	50	24	25
	40	22	23
	30	20	21
	20	18	19
	10	16	17

---

① 许强. 国家学生体质健康标准测试项目[M]. 延吉：延边大学出版社，2018：82.

第五节 平衡适能测评

一、踩木测验

(一)场地器材

若干方木条(长30厘米、高、宽各3厘米)、秒表。

(二)测试方法

分别进行横向踩木测试(图5-10)和纵向踩木测试(图5-11)。

横向踩木也叫十字踩木,受试者足长轴与方木条长轴保持垂直交叉。纵向踩木是受试者足长轴与方木条长轴呈平行状态。不管是横向踩木测试还是纵向踩木测试,都要求左右脚分别测3次,将受试者在方木条上维持平衡的时间记录下来。

图5-10 横向踩木　　　　图5-11 纵向踩木

(三)评价标准

十字踩木测试中,两脚各3次的测试成绩加起来,即6次的成绩加起来就是受试者的最终测验成绩,然后参照表5-12进行评价。纵向踩木测试的评价方法也是如此,参照表5-13来评价。

第五章 大学生健康体适能的测量与评价

表 5-12 横向踩木测验评定标准（秒）[1]

等级	男生	女生
优	225 以上	180 以上
良	165～224	140～179
中	65～164	60～139
下	15～64	15～59
差	14 以下	14 以下

表 5-13 纵向踩木测验评定标准（秒）

等级	男生	女生
优	346 以上	336 以上
良	306～345	301～335
中	221～305	206～300
下	181～220	166～205
差	180 以下	165 以下

二、侧跨跳平衡测验

（一）场地器材

场地布置如图 5-12 所示，所用器材有小木块、粉笔、皮尺、秒表。

（二）测试方法

受试者侧对 A 点，在 X 点处单脚站立，单脚跳到 A 点，前脚掌支撑维持身体平衡，保持 5 秒，这期间身体前倾用手将 B 或 C 点的小木块推开，注意支撑脚的脚跟和非支撑脚始终离地。

计分方法：单脚跳到 A 点完全踩准 A 点得 5 分，每保持平衡 1 秒得 1 分，保持 5 秒则得 5 分，保持 5 秒平衡期间若在前 2 秒内将小木块推开得 5 分。每次满分 15 分，双足各测 2 次，4 次测试

---

[1] 李洁，陈仁伟．人体运动能力检测与评定 [M]．北京：人民体育出版社，2005：65．

满分 60 分。

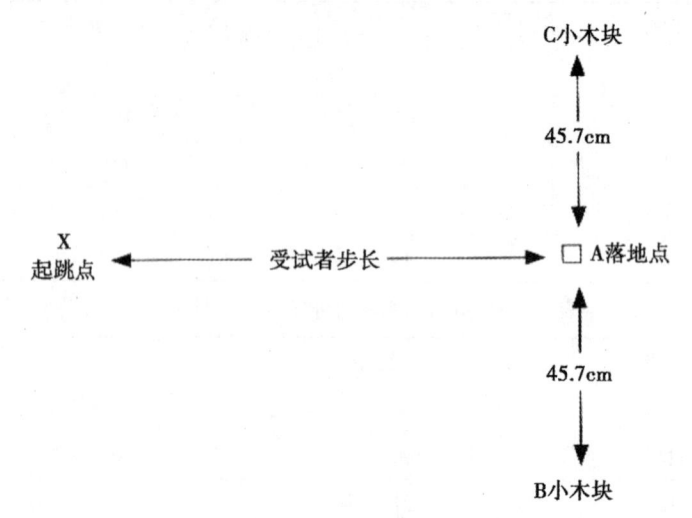

图 5-12　侧跨跳平衡测验

(三) 评价标准

侧跨跳平衡测验评分标准见表 5-14。

表 5-14　侧跨跳平衡测验评价标准（分）[1]

等级	男生	女生
优	58 ~ 60	58 ~ 60
良	53 ~ 57	51 ~ 57
中	42 ~ 52	39 ~ 50
下	37 ~ 41	33 ~ 38
差	0 ~ 36	0 ~ 32

---

[1] 袁尽州，黄海. 体育测量与评价 [M]. 北京：人民体育出版社，2011：154.

第六节　柔韧适能测评

一、直接测量

对关节活动范围直接进行测量,常常会用到以下几种仪器。

(1)莱顿弯曲度测量仪:这种测量仪器比较常见,应用较多,尤其是在人体运动科学研究中,该仪器的运用非常普遍。

(2)通用测角计:采用这种仪器测量关节活动范围时,为使测量更可靠、有效,需要先对测角计的转动轴和测角计臂进行准确定位。图5-13所示的是用通用测角计对髋关节、肩关节的屈伸情况进行测量。

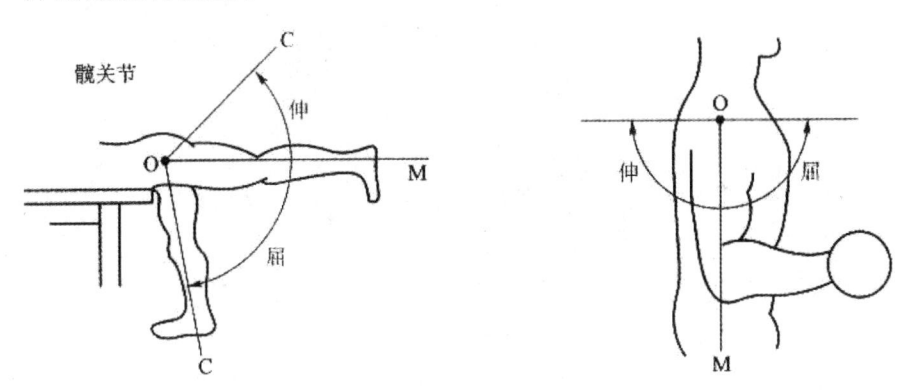

图5-13　髋关节、肩关节屈伸测量

(3)临床测角器:这种测量仪器也比较常见,它与莱顿弯曲度测量仪的测量原理基本一样,它们最大的不同在于,莱顿弯曲度测量仪是通过绑带固定的,而临床测角器是手持式的。

二、间接测量

(一)肩关节柔韧性测评

测量肩关节的柔韧性,可采用转肩测试法。

1. 测量工具

2 米长的皮尺。

2. 测量方法

如图 5-14 所示,受试者自然站立,对其肩宽进行测量。受试者双手握皮尺向上抬,经过头顶绕到身体后侧,再从体后绕到体前。记录两虎口之间的距离,单位为厘米。共测 3 次,取最好的一次成绩。

测试中注意以下几点。

(1)开始测量前做一些肩部的热身练习。

(2)两臂始终伸直,两手始终将皮尺紧紧握住,以免滑动。

(3)不要扭动身体。

图 5-14 肩关节柔韧测试

3. 评价标准

握距的成绩与肩宽之差就是转肩的成绩,二者之差越小,说明肩关节柔韧性越好。

(二)脊柱柔韧适能测评

测量脊柱柔韧性,可采用后屈体造桥的方式。

第五章　大学生健康体适能的测量与评价

1. 场地器材

地板、测量尺。

2. 测量方法

先对受试者肚脐离地面的距离(脐高)进行测量。如图5-15所示,受试者仰卧,两手分开,双手呈反掌置于颈部两侧,两脚分开,屈膝。四肢同时用力将身体支撑起来,身体呈桥状,撑至最高点时,对受试者背弓内侧最高点与地面的距离(桥高)进行测量,记录测量结果,单位为厘米。测2次,取最佳成绩。

图 5-15　脊柱柔韧测试

3. 评价标准

桥高与脐高越接近,说明脊柱柔韧性越好。

(三)踝关节柔韧性测评

通过伸踝关节测试可了解踝关节的柔韧性。

如图5-16所示,受试者光脚,测试者分别对其小腿胫骨上部最低点、足尖离地的最低高度进行测量,记录测量结果。

计算伸踝指数,即胫上高度与足尖高度的比值(胫上高度/足尖高度),结果越接近或小于"1",说明踝关节的柔韧性越好。

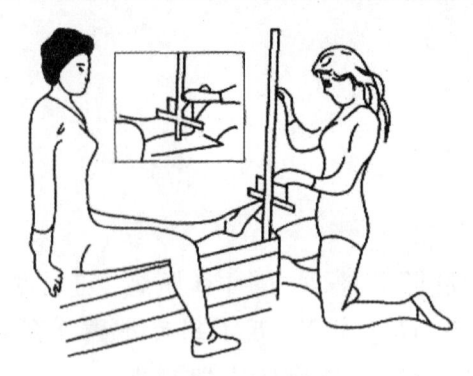

图 5-16　踝关节柔韧测试

（四）躯干及下肢关节柔韧性测评

在躯干及下肢关节柔韧性的测评中,可采用坐位体前屈的测试方法。

1. 测量仪器

坐位体前屈测量计、薄垫子。

2. 测量方法

如图 5-17 所示,受试者坐在垫子上,腿伸直,脚尖分开踩在测量计平板上。两臂伸直,上体向前屈,两手中指尖轻推标尺上的游标,直到两手不能再向前,记录此时的成绩(精确至 0.1 厘米)。重复测量 2 次,取其中的最佳成绩。

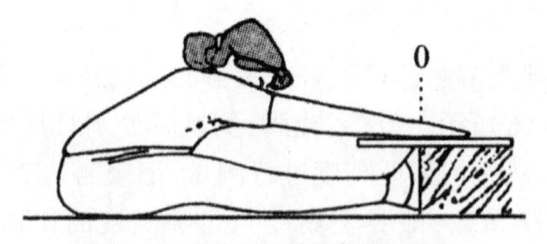

图 5-17　躯干及下肢关节柔韧测试

3. 评价标准

测量值越大,说明躯干和下肢各关节的柔韧性越好。

第五章　大学生健康体适能的测量与评价

《国家学生体质健康标准》中大学生坐位体前屈的评分标准见表5-15。

表5-15　大学生坐位体前屈测试评分标准（单位：厘米）[1]

等级	成绩	大一、大二男生	大三、大四男生	大一、大二女生	大三、大四女生
优秀	100	24.9	25.1	25.8	26.3
	95	23.1	23.3	24.0	24.4
	90	21.3	21.5	22.2	22.4
良好	85	19.5	19.9	20.6	21.0
	80	17.7	18.2	19.0	19.5
及格	78	16.3	16.8	17.7	18.2
	76	14.9	15.4	16.4	16.9
	74	13.5	14.0	15.1	15.6
	72	12.1	12.6	13.8	14.3
	70	10.7	11.2	12.5	13.0
	68	9.3	9.8	11.2	11.7
	66	7.9	8.4	9.9	10.4
	64	6.5	7.0	8.6	9.1
	62	5.1	5.6	7.3	7.8
	60	3.7	4.2	6.0	6.5
不及格	50	2.7	3.2	5.2	5.7
	40	1.7	2.2	4.4	4.9
	30	0.7	1.2	3.6	4.1
	20	−0.3	0.2	2.8	3.3
	10	−1.3	−0.8	2.0	2.5

研究发现，坐位体前屈测试在测量腘绳肌柔韧性方面有很大的优势，但测试下背部的柔韧性就未必有效，而且测量的有效性也受到性别因素的影响。而立位体前屈测试方法测量男性躯干

---

[1] 许强.国家学生体质健康标准测试项目[M].延吉：延边大学出版社，2018：52.

和臀部柔韧性的有效度很高,但测量女性躯干与臀部的柔韧性的有效度较低。所以,在一般的柔韧适能测试中,可采用兼具定量评价与定性评价的坐位体前屈测试手段。若要进一步对下背部的柔韧性进行评价,就要进行立位体前屈测试(图 5-18)。如果要了解腘绳肌和下背部的柔韧性,就要采取一些专门测试方法。

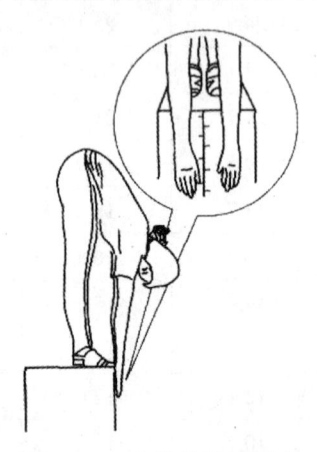

图 5-18　立位体前屈测试

第六章 健康体适能与大学生体力活动参与的科学保健

健康体适能与体力活动之间有着积极的正相关关系,健康体适能对维持大学生积极持久地参与体力活动具有重要的帮助,同样,经常参加体力活动能有效改善和提高大学生的健康体适能水平。大学生参加体力活动不仅要掌握一定的锻炼方法,同时还要学习和掌握健康体适能的保健理论与知识,这样才能保证体力活动锻炼的科学性和有效性,避免运动损伤。

第一节 科学膳食与运动营养补充

一、大学生体力活动与科学膳食

(一)保持膳食平衡

1.保持膳食平衡的基本原则

大学生在参加各种体力活动时一定要注意营养的补充,保持膳食平衡。膳食平衡是指人们所摄取的营养物质要丰富、比例合理,可满足机体运转所需的良好状态。对于经常参加体力活动的大学生而言,要想保证体力活动的顺利进行,就需要将平时的膳食营养维持一个平衡状态。如果膳食不平衡,学生身体各项功能的运转就会出现一定的问题,不仅会影响身体的正常发育,甚至还会导致营养不良症。

为保持大学生的膳食平衡,需要遵循以下几个基本原则。

(1)全面性原则

大学生的膳食营养平衡一定要注意全面性的基本原则,在平时的饮食中要选择合适的食物,注意食物的全面性,每日摄入的营养素应包括水、糖、脂肪、蛋白质、维生素和矿物质等六大类,避免出现挑食、偏食等各种行为。上述六种营养中,一定要注意及时合理地补充,这些营养素缺少任一种都不利于大学生身体机能的发展,不利于体力活动的顺利进行。

(2)平衡性原则

膳食平衡要秉承平衡性原则,其要求每日膳食要保持营养消耗量与输入量基本一致,并且营养摄入的比例要符合机体需求,过多或过少的营养摄入都不利于身体健康和运动状态的维持。对经常参加体力活动的大学生而言,如果一段时间的学练强度较大,则也应适当增加高能量食物的摄入量,这样才能满足机体运动的需求。

(3)适当性原则

适当性原则,是指大学生摄入体内的营养物质之间的比例要适当,不能过多或过少。对于人体来说,其对每种营养物质的需求量不同,如对水和糖的需求量就较多,而对维生素和矿物质的需求量就相当少。为此,在日常的食物摄入时要注意荤素搭配,即便是肉食的摄入也应具体到"红白肉"层面上的搭配。如果基于身体原因导致的机体对某些营养素的吸收有障碍,则可适度补充一些营养品,但需要注意的是,这些营养品只是起到一定的辅助效果,不能替代日常的饮食。

2.膳食平衡的基本要求

(1)各种营养素和热量摄入的平衡

对于大学生而言,要做到膳食平衡并不是一件容易的事情,这就需要大学生坚持日常生活中的全面性营养。我国的营养学

第六章 健康体适能与大学生体力活动参与的科学保健

会还特意制定了符合我国国民习惯和特点的每日营养摄入标准。对于经常参加体力活动的大学生而言,营养的摄入要依据自身的具体实际合理地调整。

处于青春期的大学生活泼好动,通常运动量都较大,这就需要补充充足的营养素,如糖、蛋白质、脂肪等,这些营养素被称为"热量营养素"。这三类营养的理想摄入量比为6.5∶1∶0.7。对于经常参加体力活动的大学生而言,除了要注重热量营养素类营养的补充外,还要补充充足的维生素和矿物质,这样才有利于大学生机体的健康发展,有利于体力活动的顺利进行。

(2)酸碱平衡

每一名大学生的身体素质都是不同的,另外,不同人体部分或系统有着各自的酸碱度,但这些保持相对稳定的酸碱度很可能由于膳食搭配不佳而被打乱,出现酸碱不平衡的情况,严重的甚至会导致整个人体的酸碱失衡。对于参加体力活动的大学生而言,他们的身体在运动中会产生过多的酸性代谢物,这些物质会提升身体的整体酸度,带来身体疲劳感。因此就需要补充一定的碱性食物,这样才能实现酸碱平衡的效果,有利于机体健康发展。

(二)合理的膳食营养

1.膳食的合理构成

中国营养学会根据我国国民的饮食习惯提出了一个合理的膳食结构。这一膳食结构对于我国大多数人群而言都是非常有帮助的。

(1)在平时的膳食摄入中,大学生一定要秉承膳食多样化的原则,最好以谷类为主。据调查,我国国民在日常中最常摄入的食物有谷类、薯类、蔬菜水果、肉类、豆类及其制品和纯热能食物等类型。不同类型的食物所包含的营养成分有的相同,有的不同。为实现营养补充的全面性,日常的膳食就要合理和多样化。

（2）保持食量与运动量的平衡。一般情况下，参加体力活动的大学生要根据自身的运动强度来决定进食的量。通常来说，进食量要与运动量成正比关系。

（3）在平时的膳食中，大学生一定要多吃蔬菜、水果和薯类。肉类食物含有众多的蛋白质与脂肪，但人体所需的众多维生素和矿物质则主要包含在蔬菜、水果和薯类食物之中，且这类食物中往往还包含大量的水，可谓营养价值颇高，因此要十分注意这类食物的补充。

（4）在平时的膳食中，大学生要做好"白肉"与"红肉"的搭配。所谓的"白肉"就是指鱼、鸡、鸭等各种肉类，这几种肉类中富含优质蛋白、脂溶性维生素、维生素B族和多种矿物质。所谓的"红肉"是指猪、牛、羊等肉类，这种肉类中含有大量脂肪、蛋白质，能提供给人体必要的能量，维持人体活动所需。

（5）乳制品、豆制品等也是大学生参加体力活动所必须要摄取的。在众多食物类型中，乳制品和豆类制品中所含的蛋白质和维生素数量最多，此外，这两类食物中还含有丰富的钙，因此一定要足量地补充。

（6）最好吃清淡少盐的食物。食物中放入超出标准的盐固然能更加吸引人的味蕾，但体内摄入过量的盐会给人的健康带来不利影响，通常情况下，每人每日摄入的盐应低于6克，特殊情况除外。

2."4+1营养金字塔"

为了人们更好地保持膳食平衡，出现了"4+1营养金字塔"的理念，这一理念对于人们的膳食平衡具有重要的意义。

（1）第一层主要为粮豆类食物，粮豆类作为我国民众主食的重要选择，是每日摄入最多的食物。一般情况下，青少年每日应摄入粮豆类食物400～500克，其中粮食与豆类的搭配比为10∶1。

（2）第二层为蔬菜类和水果类。蔬菜和水果的营养价值自不必多说，其所在金字塔中的位置也决定了每日摄入量仅次于粮豆类食物。青少年每日应摄入蔬菜和水果 300～400 克,其中蔬菜与水果的搭配比为 8∶1。

(3)第三层为奶和乳制品。各种奶类以及乳制品中含有大量的优质蛋白和钙。青少年每日应摄入奶和乳制品 200～300 克。

(4)第四层为肉类食物。肉类中含有丰富的蛋白质、脂肪、维生素 B 族和多种矿物质,这些营养素都是正处于生长发育期的青少年所不能缺少的。青少年每日应摄入肉类 100～200 克。

(5)第五层主要为盐,目前我国民众较容易摄入过多的钠,长期如此对身体健康有害。因此一定要在日常膳食中注意盐的补充。

总的来看,一二层的食物为人体提供了高达 65% 的碳水化合物;三四层的食物为人体提供了 25% 的脂肪和 10% 的蛋白质。

(三)日常生活中的膳食建议

1. 培养科学的饮食习惯

(1)合理安排一日三餐

①保持合理的饮食时间。对于一般人而言,每天都有着相对固定的饮食时段,如此安排的优势在于有助于消化系统机能的正常运转和休息。我国国民大多数每天安排早、中、晚三餐,每餐之间的间隔约为 5 小时。每餐的进食时间也应有着合理安排,要避免太快或太慢的进餐时间。

②合理的热能摄入。通常情况下,青少年的早餐热量应占全天总热量的 30% 左右,午餐热量占比为 40%～45%,晚餐则为 25%～30%。经常参加体力活动的青少年在每日饮食的热量安排上可适当高于标准。

(2)培养良好的个人饮食习惯

①如果大学生长期参加体力活动,那么他们每天摄入的能量要适当增加,其中,糖的摄入应占每日总能量摄入的 60%～70%,蛋白质应占 10%～15%,脂肪应占 20%～25%,总之这些营养

素的补充要适当,不能过多也不能过少。

②大学生在进餐的过程中,一定要在卫生环境下进行;食品不能过期,尽量少吃或不吃垃圾食品。

③饮食习惯上应秉承清淡的基本原则,少吃过甜、过咸、油腻等食物。

④加强营养保健知识的学习,努力做到膳食平衡,营养品的补充要听从专业人士的指导。

（3）合理加餐

大学生长时间参加体力活动,通常会消耗大量的能量,因此要想保证有足够的精力和体力参加体力活动,就需要考虑加餐。加餐要合理,不能影响一日三餐。

2. 素食餐饮要适当

素食食品的热量一般都比较低,这能有效预防各种社会文明病,但对于体力活动较多的大学生而言,大量地补充素食难以满足机体所需,尤其是纯素食会带来很多不良的影响。

（1）易使身体出现营养不良

蛋白质是构成人体细胞的重要成分,脂肪参与维持人体的正常体温,提供人体所需的能量。这两种营养在肉类食物中含量最为丰富,如果缺乏这两种营养素就会诱发营养不良,因此,一定要注意这两种营养素的补充。

（2）易使身体缺乏微量元素和维生素

人体所需的微量元素虽然含量较少,但也是必需的,一定要注意这些微量元素的补充。这类营养素在动物性食物中广泛存在,如钙、铁、锌等。如果平日较少进食肉类,则会造成体内微量元素的缺乏,因此,大学生的饮食一定要全面和科学。长期的素食主义就很有可能导致缺乏微量元素和维生素,因此一定要注意荤素的搭配。

（四）体力活动前后的饮食注意事项

大学生在参加体力活动前后的饮食一定要注意以下几方面的要求，不能粗心大意。

1. 避免空腹时大量运动

人在空腹时血糖含量会有一定程度的降低，在这样的情况下参加体力活动容易导致头昏眼花、四肢乏力、心慌心悸、手脚冰凉等症状。严重的低血糖甚至还会致人昏厥。因此，大学生在参加体力活动时一定要补充充足的能量，不能空腹运动。

2. 饭后不大量运动

当人体在进食后，体内血液大量流向消化器官，此时运动会减少原本应流向消化器官的血液，致使机体的消化功能降低，同时还会增加胃痉挛、呕吐等症状出现的概率。因此，运动者应做好进食后的运动计划，避免在饭后短时间就进行运动的行为。否则就会带来不良的后果。

3. 运动中不大量饮水

长时间参加体力活动，大学生身体能量的消耗较多，体内的热量也会以排汗的方式流失，这时就需要补充水分以维持机体所需。大学生在补水时应特别注意补水量，避免一次性大量补水，过多水存留在肠胃中会增加身体的运动负荷，影响正常呼吸，并对肠胃、心脏有害。正确的补水方法应为少饮多次地进行，可以补充一些运动型饮料，都能起到良好的效果。

4. 运动前不吃油腻或过咸食物

大学生在参加体力活动前，最好不要进食过于油腻或过咸的食物，因为这两类食物进入胃肠后需要更多血液供应来辅助消化，肝脏也要分泌大量胆汁参与消化，如此大大增加了消化的难度和复杂度,增加了消化时间。这一方面使得长期滞留在肠胃中的食物加大了身体的运动负荷,另一方面使得过多流向肠胃的血液降低了身体的运动系统机能。另外,进食过多的盐分还会导致人产生口渴的感觉,如果运动中补充大量的水分就会给肾脏带来一定的负担,不利于运动锻炼的顺利进行,甚至会危害人体健康。

二、大学生体力活动与营养补充

(一)营养与营养素

1. 营养

人们要想在社会上更好地生存与发展,必须要在日常生活中摄取充足的影响,营养是指人们从外界摄取各种食物,然后经过消化、吸收、代谢和利用食物中身体需要的物质来维持生命活动的全过程。

通过摄取食物,人们能获得身体所需的营养,这些营养能保证人体获得健康发展。因此,合理地摄取与补充营养对于人们维持生命活动,对于人们参加各种体力活动都具有重要的意义。需要注意的是,营养的摄取与补充一定要坚持科学性的原则,摄取与补充的量要适当,不能过多或过少,过多或过少都会影响人体机能的发展。

2. 营养素

人们要想维持正常的生活活动,进行营养素的补充是非常有必要的,一般情况下,人体所需的营养素主要有蛋白质、脂肪、糖、水、维生素、无机盐六大类。这六大类营养素对于人体的健康发展具有非常重要的意义和作用。在这六大类营养素中,蛋白质、脂肪和碳水化合物是最为重要的三个部分,这三类营养素的补充至关重要。

第六章 健康体适能与大学生体力活动参与的科学保健

可以说,不同的营养素在人体中发挥着不同的作用,其在人体中的比例和功能都有所不同(表6-1)。充分认识与了解这些营养素的比例与功能对于人体营养素的补充具有重要的意义。

表6-1 各类营养素在人体内的比例及功能

营养素	体内所占比例(%)	功能		
		供给热能	构成组织	调节生理功能
糖	1~2	主要功能	次要功能	—
脂肪	10~15	主要功能	主要功能	—
蛋白质	15~18	次要功能	主要功能	主要功能
无机盐	4~5	—	主要功能	主要功能
维生素	微量	—	次要功能	主要功能
水	55~67	—	主要功能	主要功能

以上六大类营养素,人们都能从日常的膳食中得到,需要注意的是,任何一种食物都不可能包含所有的营养素,因此在进食时一定要保证食物的丰富多样性,这样才能摄取到多种营养素。

人体所需的各种营养素之间也发生着密切的联系,其表现如图6-1所示。

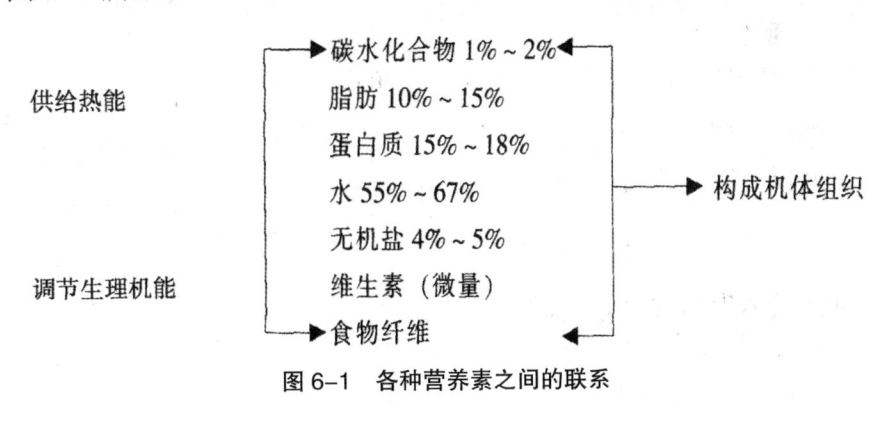

供给热能
- 碳水化合物 1%~2%
- 脂肪 10%~15%
- 蛋白质 15%~18%
- 水 55%~67% → 构成机体组织
- 无机盐 4%~5%

调节生理机能
- 维生素(微量)
- 食物纤维

图6-1 各种营养素之间的联系

(二)人体所需的营养素

一般来说,人体的新陈代谢过程始于营养的摄入,终于营养代谢后的产物排出体外。在体内的过程包括消化、吸收和代谢,身体将营养充分利用以维持各种生命活动的需要。

人体摄入充足的营养素能满足机体日常所需的活动和符合规律的身体生长发育,而营养摄入不全面则会影响身体的健康发育,对于大学生参加体力活动也是十分不利的。

总的来看,人体所需的营养素主要有以下六大类。这六大类营养素对于人体维持生命活动,参加各种各样的活动具有非常重要的意义。因此一定要注意这些营养素的补充。

1. 水

水是人体所需的重要营养素,是维持人体生命活动的重要物质。人体内的水含量是所有物质中最多的,毫不夸张地说,人体就是由水制造的,人体体重约2/3是水。一旦人体缺乏如此重要的营养素,则会严重影响诸多生理功能。水对于人体的主要作用在于参与人体代谢过程、促进腺体分泌正常以及调节体温,当然水还有其他方面的作用,在此就不再展开论述。

人体的水主要来自摄入的食物和饮料。对于一个正常的成年人来说,每天基本的水摄入量为 2 000 ~ 2 500 毫升。对于经常参加体力活动的大学生而言,水的摄入量要适当多一些。

2. 糖类

糖类又被叫作"碳水化合物"。糖类有单糖、双糖和多糖之分。其中,单糖主要有葡萄糖和半乳糖,双糖有乳糖、蔗糖和麦芽糖,多糖则有淀粉、糖原和果胶。

一般来说,糖类的功能主要包括以下几方面。

(1)糖类是维持机体正常运转的能量供应物质。

(2)糖类非常容易被人体所吸收和利用。

(3)糖类是构成细胞和神经的关键物质。

在平时的膳食中,常见的食物一般都含有大量的糖类,如米、面、水果、牛奶等。这些食物的摄入一般都能满足人体所需。

3. 脂肪

脂肪主要由碳、氢和氧等元素构成。脂肪的功能主要体现在以下几方面。

（1）脂肪帮助维持人体的正常体温。

（2）脂肪能有效地保护人体内脏器官。

（3）脂肪是构成人体细胞的重要成分。

通常情况下,脂肪普遍存在于肉类油脂、蛋黄、花生、芝麻等食物中。在日常膳食中,一般都能满足机体所需。

4. 蛋白质

蛋白质这一营养素主要由氧、碳、氢和氮等元素构成,它有完全蛋白质、不完全蛋白质和半完全蛋白质之分。

蛋白质的营养功能主要包括以下几方面。

（1）蛋白质是构成人体细胞的重要物质。

（2）蛋白质能有效修复人体受损的细胞。

（3）蛋白质能为人体提供必要的能量。

（4）蛋白质协助产生抗体,增强人体抵抗力。

在蛋、豆、肉、坚果等食物中含有大量的蛋白质。对于经常参加体力活动的大学生而言,一定要补充足量的蛋白质,这样才能维持机体所需,保证体力活动的顺利进行。

5. 矿物质

矿物质也是人体所需的重要营养素,这一营养素主要分为常量元素和微量元素两种。常量元素主要有钙、钠、磷、镁、氯、钾等,微量元素有铁、锌、碘、铜、硒等。

矿物质在人体中的含量并不高,但也不能缺少了这一营养素的补充,缺乏矿物质会给人体带来一定的危害。

矿物质的营养功能主要体现在以下几方面。

(1)矿物质是构成人体组织的重要成分。

(2)矿物质能很好地维持人体内的酸碱平衡。

(3)矿物质是机体对其他一些营养物质利用的辅助物质。

可以说,矿物质是普遍存在于人们所摄取的各类食物中的,如乳制品中含有大量的钙;动物内脏中含有大量的铁和锌。日常膳食中应注意这些食物的摄取,一般都能满足机体所需。

6. 维生素

维生素是维持人体正常运转所必备的一类营养物质。根据维生素的可溶性可将其分为水溶性维生素和脂溶性维生素两大类。水溶性维生素有维生素 C 族和维生素 B 族等,脂溶性维生素包括维生素 A、维生素 D、维生素 E 和维生素 K 等。

总的来看,维生素的营养功能主要体现在以下几方面。

(1)维生素 A:健齿、健骨、助消化等。

(2)维生素 B_1:促进能量代谢及糖代谢生成 ATP 等作用。

(3)维生素 B_2:预防脚气病以及缓解口腔溃疡等作用。

(4)维生素 C:抗氧化、缓解疲劳等作用。

大学生在平时的膳食中,要多摄入一些富含维生素的食物,如蔬菜、水果等,这样才能满足机体所需的维生素。

(三)营养补充的重要性

合理的营养补充对于大学生参加体力活动而言具有非常重要的意义,大学生在参加体力活动的过程中要充分认识到营养补充的重要性,及时地补充营养。

1. 增强运动能力

(1)补充能量物质

大学生长时间地参加体力活动,身体会出现一定的疲劳现象,这是不可避免的。发生运动疲劳的主要原因是水、无机盐以及矿物质等营养素的流失,在发生这一情况时就需要进行必要的营养补充,通过补充营养才能缓解身心疲惫的情况,促使身体机能得到及时的恢复。大学生长时间参加体力活动后,会消耗、流失大量的能量,只有当这些能量得以恢复后,才能更加专心地投入体力活动之中。

（2）储备后续能量

大学生在参加体力活动的过程中补充营养,能在一定程度上满足机体所需的营养素,为接下来的活动储备必要的能量,有利于各项体力活动的顺利进行。

（3）提高身体免疫能力

大学生在进行体力活动的过程中会消耗掉很多的营养物质,在这样的情况下,身体的免疫能力就会降低,整个机体的内分泌和免疫系统等会发生一定的变化,因此为保证大学生身体的免疫功能得以有效地运转,就需要及时地补充营养物质。

（4）加速恢复体能

大学生在参加长时间的体力活动后,就需要及时地补充身体的营养物质,身体中的有机物质可以快速合成,满足身体需要,恢复体能。运动员得到大量营养物质的支撑后,才能更加专心地继续投入体能训练之中。

2. 补充营养损失

大学生长期参加体力活动,尤其是在大负荷运动的条件下,身体的新陈代谢速度会逐步加快,这时就会消耗掉大量的营养物质,因此进行营养物质的补充是非常有必要的。

在补充营养物质时,首先就要保证维生素的量,维生素的供应量要维持在一个合理的范围,既不能过多也不能过少,适当的维生素补充才能对身体健康起到有利的作用。

需要注意的是,大学生在补充营养物质时,一定要注意科学性和有效性,这样才能保证机体能够获得必要的能量,也才能有效避免运动损伤。

（四）大学生参加体力活动的营养补充

1. 水

大学生参加体力活动会消耗大量的水分，因此进行水分的补充是非常有必要的。在水的补充方面人们普遍存在一个误区，即认为只有当感到口渴的时候才需要补水。实际上，一旦人体感到口渴的时候，就代表其身体已经丢失了3%的水，此时的机体就处于轻度脱水的状态之中。身体脱水会给人带来很多生理上的阻碍，而就运动来说，脱水所直接带来的问题就是造成人的运动能力下降。因此，补水不能在感到口渴时再补水，要做好预防，提前补水。

大学生在参加体力运动时，一定要注意在活动的前、中、后三个阶段中科学地补水，这样才能取得理想的补水效果。

（1）运动前补水

运动前补水的主要目的在于预防青少年在运动中出现脱水的现象。一般来说，青少年运动前的补水方式应以少量多次为原则，在运动开始前2小时补充0.4~0.6升的水，还可以选择一些效果良好的运动型功能饮料。

（2）运动中补水

大学生在参加体力活动时会大量排汗，导致水分大量丢失，此时补水能维持体内水的含量，保证机体所需。运动中的补水量以排汗量为依据来确定，一般情况下，运动中补水的总量要在失水量的50%~70%，所补充的水以含电解质和糖的运动型功能饮料为宜。

（3）运动后补水

事实上，青少年在运动中进行的补水在消耗量和补充量的对比上补充的水是不足的。为此，就要通过运动后补水的形式来补充身体欠缺的那部分的水。运动后所补的水应是有一定含糖量的饮料，这对于恢复青少年的血容量大有帮助，但要注意所补的水不应是碳酸饮料。另外,运动后补水也不是越多越好,过多水分的补充会增加排汗量和排尿量,这会导致更多电解质的丢失,同时也给肾脏和肝脏等脏器带来更大的工作负荷。

2. 能量

大学生在参加体力活动的过程中会消耗大量的能量,在这样的情况下,就需要补充足够的能量以满足机体所需。

为了有一个良好的体能,大学生要进行必要的身体素质训练,其中耐力训练和力量训练是非常重要的内容,为此,对于参加这两类身体素质训练的青少年就要适当额外增加能量摄入的量。有研究统计显示,当青少年参加中等强度的耐力训练超过30分钟后,肌糖原基本处于耗竭状态,此时机体开始调动脂肪用以供能。如此看来,大学生的耐力素质训练应多补充糖和脂肪含量较多的食物。

大学生在参加体力活动时,饮食中不应含太多的脂肪。尽管脂肪是人体不能缺少的营养素,但此期间摄入过多脂肪会影响青少年机体对蛋白质和铁等营养的吸收,且脂肪在摄入后会相对更长时间停留在胃中,造成对运动的负担,因此脂肪的补充一定要适宜。

糖是人体的主要能量来源,在参加体力活动时大学生一定要注意糖类的及时补充。如果大学生机体中的肌糖原水平较低,则会影响他们的运动表现,具体为感到运动中易疲劳,出现疲劳后还不易恢复。补糖的方式要根据运动的程度而定,如果进行的是短时间运动,则不需要额外补糖;如进行超过30分钟的大强度运动,则需要额外补糖。补糖要分为运动前、中、后三个阶段。运动前补糖要在开始前2小时以及15分钟时分别进行;运动中补糖可在轮换休息或暂停时进行,以此保证青少年在运动中的能量供应;运动后补糖应在运动后立即进行,此后每1小时补充一次,这样才能维持人体良好的状态,从而有利于体力活动的顺利进行。

3. 蛋白质

大学生在参加体力活动的过程中也不要忽视了蛋白质的补充。蛋白质的补充需要注意以下几点。

（1）初期运动阶段时应适当增加蛋白质。这是因为此阶段中的青少年的身体会出现更多细胞损伤的情况,此时补充蛋白质有助于对受损细胞的快速修复。

（2）依据运动的强度和频率适当补充蛋白质。大学生体力活动中不同的运动强度和运动频率对体内的蛋白质消耗不同,此时对蛋白质的补充要与运动强度和频率成正比。

（3）当不能及时补充热量以及糖原储备不足时,应适当增加蛋白质的补充量。

需要注意的是,大学生补充蛋白质要维持体内蛋白质的"正平衡"状态,即补充的蛋白质量多于消耗的蛋白质量。此外,蛋白质的补充量还要以体力活动的强度为依据进行适量增减。例如,当进行力量、耐力等强度较大的锻炼时,对其蛋白质的补充应达到每日总能量摄入的15%～18%,如果是强度稍小的其他形式的训练,则补充量应达到每日总能量摄入的14%～16%。总之,蛋白质的补充要根据大学生身体情况和运动强度而定。

4. 维生素

大学生参加体力活动还需要注意维生素的补充。人体内所需的维生素需要通过食物摄入。经常参加体力活动的大学生更加需要补充维生素,并且在补充时要注意补充的种类力求全面,补充的量力求恰当,不能过多或过少,过多或过少都会给人体带来一定的危害。

第二节 运动伤病的预防与处理

一、运动伤病的预防

(一)运动损伤的预防

1. 预防运动损伤的意义

大学生在参加各种体力活动时,常会发生一定的运动损伤,这是非常正常的现象,因此大部分的体育活动通常都存在着一定的风险性,要想完全避免运动损伤是不可能的。但是并不是说我们不要重视运动损伤的预防,相反我们要时刻警惕运动损伤,将运动损伤发生的概率降到最低。如果不事先采取积极的预防措施,就容易在运动的过程中导致运动损伤,从而影响大学生的日常生活和学习,更有甚者会危害身体健康。因此,加强运动损伤的预防具有非常重要的意义。

预防运动损伤并不是从口头上来保证,在平时的校园活动中,教师要带领学生加大对运动安全相关知识的教育力度,使学生充分认识到运动损伤预防的重要性。这不仅对于提高体育教学质量具有重要的意义,而且对国民素质的提高和学生运动水平的提升也具有积极的促进作用。

2. 运动损伤预防的原则

(1)提升指导者意识原则

大学生在参加某些高难度的体力活动时需要有教师或者相关专业人员的指导。对于这些指导者而言,他们首先就要提升自己预防运动损伤的意识。另外,在平时的教学中要积极开展预防运动损伤的宣传教育工作,让每一名学生充分意识到运动损伤预防的价值和意义。除了培养指导者预防运动损伤的意识外,还要着重培养他们的体育防护技能。这样才能为大学生参加体力活动提供良好的指导。

（2）合理负荷原则

大学生在参加各种各样的体力活动时需要把握合理的运动负荷,如果运动负荷不符合大学生的具体实际情况就容易导致运动损伤。可以说,合理的运动负荷有助于减小运动损伤发生的概率,保证大学生的身心健康。但需要注意的是,大学生在参加体力活动时,为获得理想的锻炼效果,适当地加大运动负荷还是非常有必要的,尤其是提高运动技能水平时,增大运动负荷的方法必不可少。在增大运动负荷的同时,大学生需要做好运动损伤的预防工作。

（3）全面加强原则

全面加强主要指的是加强大学生的身体素质,促进身体素质的发展。要想获得理想的运动水平,需要有良好的身体素质,在良好的身体素质下,大学生才能获得更好的对运动的适应能力,降低出现运动性损伤的概率。因此,注重体力活动锻炼的全面性也是预防运动损伤的一种重要手段。

（4）严格医务监督原则

为预防运动损伤,加强体力活动的医务监督也是非常有必要的。必要的医务监督有助于大学生及时发现身体不适等状况,实现早发现、早处理的目的。除此之外,还要对大学生参与体力活动的场地及硬件设施做定期的检查与维护,这样能有效预防运动事故。

（5）自我保护原则

大学生在参加体力活动的过程中还要注意自我保护,严格遵循自我保护的基本原则。要想做到这一点就需要大学生建立起足够的自我保护意识,在运动的过程中做好必要的自我保护动作,提升自我防护能力。

3.运动损伤预防的措施

大学生参加的体力活动通常都带有一定的风险性,因此采取必要的预防措施是非常重要的,这样能有效降低运动损伤发生的概率。

具体而言,大学生在参加体力活动时可以采取以下预防损伤的措施和手段。

(1)加强力量素质的锻炼

在人体的各项体能素质中,力量素质扮演着十分重要的角色,如果具备了良好的肌肉力量,大学生在参加各种体力活动的过程中就能展现出强大的爆发力与协调性,这对于运动损伤的预防具有非常大的帮助。如身体对抗中的两名学生,身体力量占优的一方发生损伤的概率要相对低一些。由此可见,加强力量素质的锻炼对于预防运动损伤具有非常重要的意义和作用。

(2)进行必要的体格检查

每一名大学生的身体素质都是不同的,加强大学生的体格检查有助于教师和学生充分了解身体发展状况,从而根据个人的身体状况制定有针对性的活动方案或计划,这对于预防运动损伤也具有重要的意义。大学生在日常的体力活动中,应做好定期的体格检查,检查时应根据专项特点重点检查易伤部位,早期发现各种劳损性损伤,以便及时调整运动负荷,保证体育锻炼的顺利进行。

(3)加强自我保护

大学生参加的体力活动的项目有很多,可以说,不同的运动项目,其保护和预防方法都有所不同,大学生要根据这些运动项目的特点学会自我保护的方法,在运动过程中加强自我保护,这样能有效预防运动损伤。

(4)加强运动者、医生与体育活动组织者的联系

为预防运动损伤,加强运动者、医生和体育活动组织者三者之间的沟通与交流也是非常重要的。各方面要组织起来进行经

常性的运动损伤的讨论与总结。还可以举办一些运动损伤防护、运动损伤急救的技能比赛,这样都能有效预防运动损伤。

(5)维护良好的运动环境

一个良好的场地环境对于大学生参加体力活动中的运动损伤的预防具有重要的帮助。因此还要密切关注体育场馆和设备的卫生及其他环境问题。要在平时加强运动器材的维护和整修,为大学生的体力活动营造一个良好的安全的环境,这样能有效预防运动损伤。

(二)运动疾病的预防

1. 制定科学的锻炼方案或计划

在体育活动锻炼方案或计划的制定上,要充分考虑大学生的性别、年龄和身体功能水平,力争制定出一个科学合理的锻炼计划。在举办相关的比赛或活动时也要依据学生的身体实际进行,科学地安排活动或比赛。这样的做法能预防大学生在运动中发生运动疾病。

2. 遵守运动训练的基本原则

在平时参加体力活动时,大学生要严格遵守体育训练的基本原则,这些原则主要包括全面发展原则、区别对待原则、安全锻炼原则等。在锻炼的过程中,大学生要尤其注意循序渐进地增加运动量,不能急于求成,否则就容易导致运动疾病,不利于体力活动的顺利进行。

3. 避免疲劳积累

疲劳的发生机制目前尚不明确,但消除疲劳的手段和方法有很多,在运动训练后要通过这些手段和方法来消除疲劳。这对于运动疾病的预防具有重要的意义。

保证充足的睡眠是训练后恢复的重要手段,运动员要形成良好的生活作息制度,避免在休息时间内进行过多的娱乐活动;通过科学合理的饮食获取营养,来提高代谢速率,使身心尽早恢复;此外,通过针灸、按摩、理疗、水疗和一些放松活动也有助于消除疲劳,预防运动性疾病。

4.加强训练的医务监督工作

一方面,定期对大学生做身体检查,并进行相关身体功能的评定,及时发现导致运动疾病的各项隐患,从而采取针对性的措施与手段加以预防。

另一方面,加强体力活动的医务监督工作,及时了解大学生在参加体力活动过程中的身体反应与心理状态,并将结果及时反馈给体育教师,为锻炼计划的调整提供客观依据,这样也能有效预防运动性病症的发生。

二、常见运动损伤的处理

(一)擦伤

擦伤可以说是一种常见的表皮损伤,擦伤后,多可表现为皮肤表皮剥脱,可伴渗液、出血。

通常来说,大学生在发生擦伤时,可以按照以下方法进行处理。

(1)较轻擦伤,生理盐水冲洗,涂抹红药水或紫药水或 0.1%新洁尔溶液。

(2)大伤口擦伤,生理盐水刷洗、清理创面异物,碘酒或酒精消毒,涂云南白药,纱布包扎。

(3)关节擦伤,清洗、消毒,涂抹医用止血止痛药,如青霉素软膏。

(二)挫伤

挫伤,是一种受钝性外力作用产生的伤口闭合性损伤,与擦伤相比,挫伤的损伤程度要更深,伤后可伴有肿胀、疼痛、出血等现象的发生。

大学生参加体力活动,发生挫伤时,可以采取以下方法处理。

(1)伤后即刻局部冷敷、外敷新伤药。

(2)四肢挫伤:包扎固定,及时送医。

(3)头部、躯干部严重挫伤:观察伤者是否受伤有休克、大出血现象,如有应先进行休克处理,尽快止血,及时送医。

(4)手指挫伤:冷水冲淋、按压止血,包扎。

(5)面部挫伤:冷敷,24小时后热敷。

(6)伤情严重者及时送往医院处理。

(三)拉伤

拉伤一般情况下是人体肌肉过度收缩或拉长导致的,大学生在参加体力活动过程中,常因准备活动不充分、动作用力过猛等而出现肌肉或韧带拉伤的情况。

大学生在发生拉伤现象时可以采取以下处理方法。

(1)轻度拉伤:冷敷,局部加压包扎,抬高患肢。

(2)严重拉伤:简单急救后,立即送医。

(四)扭伤

扭伤是肌肉、韧带、关节超过自身活动范围的扭动所致的损伤。活动不充分;动作幅度过大、运动方向不当均可致伤,伤后可有疼痛、肿胀感,严重者有运动障碍。

大学生在发生扭伤现象时可以采取以下处理方法。

(1)指关节扭伤:冷敷,牵引放松,固定伤部。

(2)肩关节扭伤:冷敷和加压包扎。24小时后可按摩、理疗或针灸。

(3)腰部扭伤:平卧休息,伤部冷敷。

(4)膝关节扭伤:压迫痛点止血,抬高伤肢,加压包扎。及时就医。

(5)踝关节扭伤:压迫痛点,包扎固定;韧带断裂应压迫包扎并及时就医。

(五)关节脱位

关节脱位,指关节离开关节应在位置,关节脱位后关节及其周围肌肉有明显疼痛、肿胀,撕裂感,关节功能丧失。

大学生在发生关节脱位时可以采取以下处理方法。

(1)如有经验,可以及时复位。

(2)如无复位经验,及时送往医院救治。

(六)肩袖损伤

肩袖损伤主要是由肩关节超常范围急剧转动、劳损、牵拉、摩擦等引起。大学生在参加体力活动时,发生肩袖损伤,会感到一定的疼痛,肩外展或内旋疼痛会加重。

大学生发生肩袖损伤时可以采取以下处理方法。

(1)急性发作期间,暂停健身,肩关节制动,上臂外展30°固定,以减小有关肌肉张力而减轻疼痛症状表现。

(2)进行必要的休息、调整后,可理疗、按摩和针灸。

(3)伴有肌腱断裂并发症时,立即送往医院救治。

(七)腰肌劳损

大学生在运动时腰部长期保持同一个状态或腰部动作过多,腰部肌肉运动幅度过大,长时间疲劳没有恢复的情况下持续运动可导致腰肌劳损。腰肌劳损的症状一般为酸痛,具有刺痛感。

大学生在发生腰肌劳损时可以采取以下处理方法。

(1)可以采用理疗、按摩、针灸等治疗手段。

(2)可以口服针对性药物。

(3)用保护带及加强背肌练习进行运动康复。

(4)顽固病例应进行手术治疗。

（八）髌骨劳损

髌骨劳损是髌骨的关节软骨面和髌骨因缘股四头肌张腱膜的附着部分的慢性损伤，发病时，有膝软与膝痛现象。

大学生在发生髌骨劳损时可以采取以下处理方法。

（1）根据自身实际情况适当地调整运动量的大小。

（2）注意受伤部位的积极性休息。

（3）可以采取按摩、理疗等手段进行治疗。

（九）韧带损伤

大学生在参加体力活动的过程中，操作不当可导致机体在做大幅度动作时拉伤韧带，这一情况多见于足球等身体对抗比较剧烈的运动之中。

大学生在发生韧带损伤时可以采取以下处理方法。

（1）弹力绷带做8字形（内侧交叉）压迫包扎，冷敷。

（2）棉花夹板固定，加压包扎、制动，减少出血、止痛。

（3）韧带完全断裂者及时送医处理。

（4）伤后24小时左右可中药外敷或内服、按摩、理疗。

（5）韧带完全断裂应及时送医进行手术缝合。

（十）出血

1. 止血

（1）指压止血

①掌指出血：按压桡动脉及尺动脉。

②下肢出血：两手拇指重叠，在腹股沟中点稍下方，将股动脉用力压在耻骨上支上。

③足部出血：压迫足背及内踝后方胫动脉和胫后动脉。

（2）止血带止血

用气止血带（或皮管、皮带）缚在出血部近端，上肢每半小时、下肢每 1 小时放松一次,以免肢体麻痹或坏死。

2. 包扎

用绷带和三角巾(或布条)包扎出血部位或肢体,结合不同伤部选用环形包扎(图 6-2)、扇形包扎(图 6-3)等不同包扎方法。

图 6-2　环形包扎法　　图 6-3　扇形包扎法

3. 大出血

出血不止或出血致休克者,应及时输血或手术治疗。

(十一)骨折

骨的完整性遭到破坏的损伤称为骨折,运动健身时,机体遭到被动冲撞、挤压较容易导致骨折。骨折后,骨断裂,有强烈疼痛感,伤部骨骼扭曲,有开放性伤口且严重者可见骨骼。

大学生在发生骨折时可以采取以下处理方法。

(1)不要随意移动受伤肢体,固定伤肢。

(2)出现休克现象时,先进行人工呼吸。

(3)伤口出血不止,应及时采取止血措施,并送医治疗。

在发生骨折现象后,应尽量保持患者伤部固定不动,采取以下几种包扎固定的方法。

(1)锁骨骨折包扎固定,可采用横 8 字形绷带法(图 6-4)、双圈固定法(图 6-5)、胶布条固定法(图 6-6)。

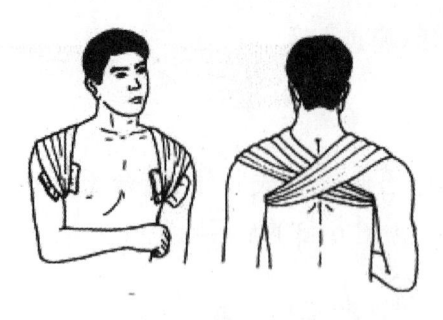

图 6-4　横 8 字形绷带法　　　　图 6-5　双圈固定法

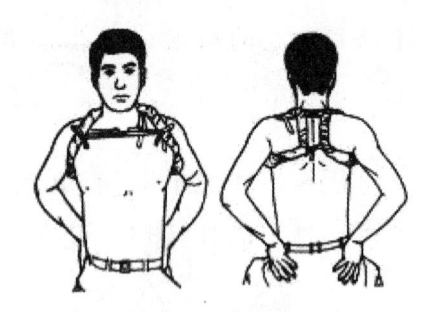

图 6-6　胶布条固定法　　　　图 6-7　夹板固定

（2）尺桡骨干骨折：复位后，应用夹板固定（图 6-7），或石膏固定。

（3）肋骨骨折，可用胶布固定法，如患者对胶带过敏，可用宽绷带固定（图 6-8）。

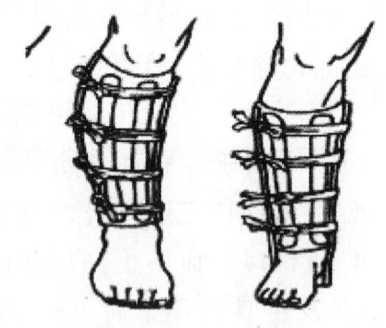

图 6-8　宽绷带固定法　　　　图 6-9　小腿骨折固定法

（4）小腿骨折，骨折位置不同，注意包扎固定方法与位置的差异（图 6-9）。

三、常见运动疾病的处理

(一)过度紧张

长时间不参加体力活动或很少参加体力活动的大学生,突然加大运动负荷就可能导致对运动动作、技术方法不熟悉或心理因素(如担心别人嘲笑、担心旧伤复发)而发生过度紧张的现象。

过度紧张可令大学生的身心产生各种不适,轻者头晕、眼前发黑、面白、无力、站立不稳;严重者会出现嘴唇青紫,呼吸困难等症状。

大学生在参加体力活动时,如果出现过度紧张的现象,可以采取以下处理方法。

(1)停止参加运动,进行必要的休息。

(2)急救时,患者平卧,衣服松解,同时注意保暖,点掐其内关和足三里穴。

(3)昏迷者,可掐人中使患者苏醒。

(4)休克者,先进行休克处理,然后送往医院救治。

(二)肌肉痉挛

肌肉痉挛,也就是我们通常所说的抽筋,发生这一症状的主要原因在于准备活动不足。肌肉抽筋可导致肌肉不自主强直收缩,僵硬,疼痛,有一定的活动障碍。

大学生在发生肌肉痉挛时可以采取以下处理方法。

(1)轻者,牵引痉挛肌肉。

(2)腿部肌肉痉挛者,尽力直膝、伸踝、拉长痉挛肌肉,缓解肌肉的疼痛感。

(三)肌肉延迟酸痛

一般情况下,肌肉延迟酸痛多发生在本次的健身活动量突然超过之前的运动健身量,是机体肌肉不适应运动负荷的一种表现。发生这一现象后,大学生的身体局部会感到肌肉酸痛,有涨、麻感。

大学生在发生肌肉延迟酸痛现象时,可以采取以下几种处理方法。

(1)进行局部热敷或按摩。

(2)口服维生素 C 以缓解出现的各种症状。

(3)采取按摩、针灸或电疗等手段。

(四)运动性低血糖

低血糖是指个体空腹时血糖浓度低于 50 毫克/分升的一种症状表现。健身时间过长或者运动健身者在饥饿的状态下健身可导致低血糖症的发生。轻者面色苍白、心烦易怒;重者视力模糊、焦虑、昏迷。

大学生在发生运动性低血糖时可以采取以下处理方法。

(1)平卧、保暖。

(2)饮浓糖水或吃少量食品。

(3)低血糖昏迷者,可针刺人中穴,并迅速送往医院进行进一步的诊治。

(五)运动性高血压

运动性高血压主要是运动不当而导致的血压升高的病症,运动负荷过大时容易发病。这一病症的症状主要有头痛、头晕等。

大学生在发生运动性高血压时可以采取以下处理方法。

(1)适当地调节运动负荷量,注意运动期间的休息。

(2)进行适当的药物治疗。

(六)运动性贫血

医学检查中,正常男子的血红蛋白含量为 0.69 ~ 0.83 毫摩尔/升,正常女子的血红蛋白含量为 0.64 ~ 0.78 毫摩尔/升。运动中导致个体的血氧供应不足,出现贫血现象,其症状主要有头晕、恶心、呕吐等。

大学生发生运动性贫血时可以采取以下处理方法。

（1）减少运动量，必要时停止参加各种形式的体力活动。

（2）食用富含蛋白质、铁质、维生素的食物。

（3）服用抗贫血药物。

（七）运动性血尿

大学生在参加体力活动时，如果运动强度过大，就容易超出身体的承受度而导致运动血尿的现象。轻者仅可在显微镜观察下出现血尿，严重者有直观的血尿现象，并伴有腹痛、头晕等症状。

大学生在发生运动性血尿时可以采取以下处理方法。

（1）进行全面的身体检查，排除病理性血尿，以免误诊。

（2）发现肉眼可见血尿，停止参加任何形式的运动。

（3）肉眼可见无明显症状，可以适当地调整运动负荷，保持合理的运动量。

（八）运动性腹痛

运动性腹痛，主要是因运动不当引起，一般性运动腹痛按压可缓解，无其他并发症。如果发生生理性腹痛需要引起高度重视。

大学生在发生运动性腹痛时可以采取以下处理方法。

（1）及时地了解腹痛的性质和部位，排除病理因素。

（2）运动性腹痛，减小运动量或停止运动。

（3）肠胃炎、阑尾炎、炎症引发的腹痛应及时就医，以免延误病情。

（九）中暑

运动性中暑多发生在夏季户外长时间的体力活动中，机体处于高温环境，身体体温升高超出生理承受范围发生高热状态。

大学生在发生中暑现象时可以采取以下处理方法。

（1）发现有中暑先兆，先到阴凉处避暑，适当饮水，解开衣物，湿毛巾擦拭身体。

（2）中暑严重者：降温、平卧，牵引痉挛肌肉，服含盐清凉饮料或解暑药。

（3）中暑衰竭和昏迷者：降温、平卧，掐人中、涌泉、中冲等穴，服含糖、盐饮料，按摩，尽快送往医院进行治疗。

（十）溺水

游泳是非常常见的运动健身项目，深受大学生的欢迎和喜爱。在游泳健身时，其特殊的运动环境能给健身者带来不一样的运动体验和运动健身益处，但是，游泳健身中也时常有溺水现象的发生。在发生溺水现象时可以采取以下几种施救方法。

1. 及时靠近溺水者

根据溺水者的具体情况采取不同的方式方法接近溺水者。

（1）溺水者尚有意识，在水中挣扎时，可潜入溺水者身前，双手抓其髋部使溺水者背对自己，手托其腋下使其脸部露出水面；或抓溺水者对侧手腕，迅速外拉使溺水者背对自己，脸部露出水面。

（2）溺水者已沉至水底，下潜用一手抓溺水者上体或拽其衣服拉出水面。

2. 拖带

（1）蛙泳拖带。让溺水者两手扶救护者两肩或腰背部进行拖带。

（2）托腋拖带。施救者仰卧水中，抓溺水者双腋，反蛙泳蹬腿游进。

（3）夹胸拖带。施救者侧卧水中，一臂从溺水者肩部绕过胸前抓另一侧腋下，另一臂在体下划水，两腿蹬剪腿游进。

3. 岸上急救

（1）畅通气道。如溺水者有自主呼吸，保持气道通畅。如溺水者无自主呼吸，应迅速清除异物。

（2）排水。将溺水者腹部搁在屈膝的腿上，使溺水者口朝下，压溺水者背部。

（3）心脏复苏。如果溺者无呼吸，心跳已停止，要立即进行人工呼吸、实施胸外心脏按压。使溺水者仰卧，施救者骑跪其大腿两侧，两手掌相叠，掌根按其胸骨下端（儿童用一个手掌；婴幼儿用三个手指），两臂伸直，身体前倾，借助体重下压，力达掌根，使胸骨下陷3~4厘米，迅速放松，掌根不离位，每分钟做60~80次（儿童80~100次/分钟，婴儿大于100次/分钟），直到恢复心跳。

（十一）休克

大学生在参加强度较大的体力活动时，机体遭受强烈的致病因素后通常会发生休克现象。休克这一现象在大学生参加体力活动的过程中并不常见，在出现这一现象时可以采取以下处理方法。

（1）如果患者症状较轻，可以采取安静平卧的方式缓解症状。如果患者症状严重，伴有心率衰竭，应保持安静，使其平卧，并做好患者的保暖。

（2）做上述处理后，还要服热开水及饮料，针刺或点人中、足三里、合谷等。

（3）如果休克的产生原因与骨折等外伤的剧痛有关，可以选择镇痛剂处理。

（4）做简单的处理后，及时送往医院进行诊治。

第三节 运动疲劳与恢复

一、运动疲劳的概念与分类

(一)运动疲劳的概念

关于运动疲劳的概念,比较一致性的看法为,运动疲劳是指"机体生理过程不能持续其机能在一特定水平或各器官不能维持预定的运动强度的现象"。[①] 人体在产生运动疲劳后,通常会持续一定的时间,在这一时间段内,人体机能可能会出现停止发展或暂时降低的现象。这种表现可以说是人体维持健康的一种保护性抑制,只是暂时性的,经过一段时间后,人体机能就能得到恢复。

(二)运动疲劳的分类

大学生在参加体力活动的过程中,难免会发生一定的运动疲劳现象,这是非常普遍的现象。一般情况下,常见的运动疲劳主要有局部疲劳和全身疲劳两种,这是根据疲劳的形式分类的。依据疲劳发生的部位和性质可将疲劳分为以下几种类型。

1. 肌肉疲劳

大学生在参加各种体力活动的过程中,人体的肌肉通常会发生一定的收缩和松弛现象,如果持续的时间过长就容易导致疲劳。这是正常的现象。除了发生疲劳现象外,人体肌肉还有可能出现肿胀、疼痛等更为严重的现象,这主要是过度疲劳导致的。

[①] 杨翼,李章华.运动性疲劳与防治[M].北京:北京体育大学出版社,2008:201.

2. 内脏疲劳

一般来说，内脏疲劳主要包括心脏疲劳和呼吸系统疲劳两个方面。大学生在参加体力活动时，心脏会出现一定的疲劳现象，主要症状为心率异常、脉压减少和心电图谱发生改变等。而呼吸系统疲劳则呈现出呼吸急促、胸闷气短等症状。这些疲劳的产生都是运动过量导致的或者在身体状况欠佳的情况下参加体力活动导致的。

3. 神经疲劳

大学生在参加体力活动时还有可能发生神经疲劳的现象，导致这一现象的主要原因在于大脑皮层的机能低下，兴奋抑制过程平衡逐渐失调。当发生神经疲劳现象时，人的思维反应能力会变得异常迟缓、记忆力出现衰退的现象、容易动怒等。这些症状对于人体的健康发展都是十分不利的。

4. 心理疲劳

对于很多人而言，心理疲劳容易与神经疲劳混淆，二者有着相似之处，但又不完全一样。通常来说，我们主要用心理疲劳来解释各种日常心理行为。大学生在参加体力活动时也会发生一定的心理疲劳的现象，发生这一现象后，大学生的感觉、知觉、记忆、思维等都会发生一定的改变，整体上具有不适感，这就需要大学生进行适当的调整，从而促进心理水平的恢复与提升。

二、运动疲劳的产生机制

大学生在参加体力活动的过程中，因各种主观或客观因素的影响，常会发生一定的运动疲劳现象，这是非常正常的现象。运动疲劳的产生是一个非常复杂的过程，其主要表现为以下不同的类型（表6-2）。

表 6-2 疲劳的分类

分类标准	疲劳类型
疲劳产生的方式	快速疲劳、耐力疲劳
疲劳产生的部位	中枢疲劳、内脏疲劳、外周疲劳、肌肉疲劳
疲劳消除的快慢	急性疲劳、慢性疲劳
疲劳的性质	生理性疲劳、心理性疲劳、病理性疲劳
疲劳的范围	全身性疲劳、区域性疲劳、局部性疲劳
疲劳的器官	骨骼肌疲劳、心血管疲劳、呼吸系统疲劳
疲劳的生理学与心理学机制	脑力性疲劳、体力性疲劳、情绪性疲劳、感觉性疲劳

大学生参加体力活动时会产生一定的疲劳现象,这一现象的产生是具有一定的生理与心理机制的,这一机制主要表现在以下几方面。

（一）能源耗竭

大学生参加各种各样的体力活动,需要机体内的能源物质代谢分解提供运动健身所需要的能量,如果人体长期处于体力活动过程中,这一过程期间没有饮食,会导致体内所储备的营养物质的消耗,如果体内的营养物质消耗达到一定的程度,机体就会启动自我保护机制,如果再持续运动可能导致体内能源物质的耗竭从而有生命危险,因此机体就会产生疲劳的感觉,这是有机体通过神经系统对机体所释放的一种运动"警告",提醒有机体要及时补充营养以维持人体运动所需,否则就会受到一定的"惩罚"。

（二）内环境失调

大学生参加体力活动的过程中,如果个体参与活动的时间过长,会使体内能源物质快速消耗,HL 值升高,血 pH 值下降,体内的无机盐、水分减少,维生素含量不断下降,这就会导致机体的内环境发生很大的变化,会使得机体的正常生理活动受到一定的影响,可导致运动能力的降低,这就是运动疲劳。人体在发生内环境失调状况时就容易导致运动疲劳的现象。

(三)代谢物堆积

大量的研究表明,人体参与运动的过程中,随着运动负荷的不断增加,机体内大量分解并消耗肌糖原,ATP和CP大量消耗,并在肌肉中堆积了大量的乳酸,乳酸大量堆积会在一定程度上影响体内的正常代谢,会出现失代偿性酸中毒,致使ATP合成量减少,使肌肉有酸痛感、运动能力下降等,长此以往就容易导致运动疲劳。

(四)心理因素

大学生参加体力活动,产生运动疲劳的机制还与心理因素有着一定的关系,这些心理因素主要包括大学生的个性特征、情绪与注意力等几方面。

(1)个性特征:如果大学生参与与自我个性不相符的体力活动内容,可能会较早较快地引发各种运动疲劳,如射击、围棋、高尔夫等需要较大耐心的运动项目不适合性格外向的人参加,否则很容易引发心理疲劳现象。

(2)情绪:情绪低落、情绪不稳定等会使体力活动参与者的动作不连贯,这种情况反复发生就容易导致心理疲劳。

(3)注意力:注意力不集中、注意力稳定性差也是导致运动疲劳的重要因素。

因此,大学生要想科学地参加体力活动,除了注意生理因素外,还要密切关注心理因素对自身的影响。

三、运动疲劳的具体表现

大学生参加长时间的体力活动会产生一定的运动性疲劳现象,这是非常正常的现象。一般来说,运动疲劳主要分为轻度疲劳、中度疲劳和重度疲劳三种表现形式,在处理运动疲劳时要根据疲劳的这几种形式做有针对性的处理。

(一)轻度疲劳

在参加一段时间的体力活动后,大学生常会感到有一定的疲劳感,这是不可避免的,只有产生了一定的疲劳,人的体能素质才有可能获得发展。发生轻度疲劳时,大学生通常会表现出呼吸变浅、心跳加速等症状。发生这一疲劳现象时,在较短的时间内就能恢复原有的身体状况。

(二)中度疲劳

在长时间、中等强度的体力活动后,大学生通常会产生中度疲劳的感觉,中度疲劳可以从以下三方面进行判断。

自我感觉:通过自我感觉能在一定程度上判断出疲劳的基本状况,大学生在参加过一段时间的体力活动后,如果出现全身疲倦、嗜睡、无力等感受情况时就说明出现了中度疲劳现象。

精神:在精神方面,大学生通常会在一段时间内出现精神难以集中、情绪十分低沉等方面的表现。发生这一现象时也不要紧张,大学生要学会镇定,快速有效地处理这一疲劳症状。

全身表现:当大学生进行一段时间的体力活动后,全身通常会出现一定的面色苍白、眩晕、肌肉抽搐、声音嘶哑、腰酸腿疼等现象。这也是中度疲劳的表现。

以上中度疲劳现象对大学生身体的影响并不是很大,因此大学生不要过于紧张,做好及时的休息一般都能恢复。

(三)重度疲劳

大学生参加大运动量、高强度的体力活动后,通常会出现神经反应缓慢、情绪烦躁、出现抵触心理等现象,这是重度疲劳的具体表现。当发生重度疲劳时,大学生机体肌肉会出现一定的状况,如肌肉力量降低、收缩速度缓慢、肌肉僵硬、肿胀和疼痛等,除此之外,各种动作速度和身体协调能力也大大降低。运动机体的各个表现器官功能呈现出一定的退化趋势,这些都是重度疲劳的具体表现。

大学生在参加高强度的体力活动后产生了重度疲劳,如果这一疲劳症状没有得到很好的抑制,就会对自己的学习、生活和运动锻炼带来不利的影响,甚至还会危害身体健康。因此当发生这一疲劳现象时要引起高度重视。

表 6-3 为不同程度疲劳的对比表现情况。

表 6-3 不同程度疲劳表征对比表

	轻度疲劳	中度疲劳	重度疲劳
自我感觉	无任何不适	疲乏、腿痛、心悸	恶心呕吐等征象
血色	稍红	相当红	十分红,有时呈紫色
排汗量	不多	较多	非常多,尤其是整个躯干部,在颈部以及汗衫上可以出现白色痕迹
呼吸	中等轻快	显著加快	显著加快,有时呼吸节律紊乱
动作	步态轻稳	步伐摇摆不稳	摇摆现象显著,出现动作不协调

表 6-4 为大学生在发生运动疲劳时,生理生化指标的变化情况。

表 6-4 过度疲劳时生化指标表

生化指标	疲劳状态	
	轻度疲劳	过度疲劳
血乳酸	>2 毫摩尔/升	>12 毫摩尔/升
血尿素	轻度升高	>8 毫摩尔/升
血氨	轻度升高	>110 μmol/L

四、运动疲劳的恢复方法

(一)劳逸结合手段与方法

运动疲劳的产生与能源耗竭的生理机制有一定的关系,因此,依据能源耗竭这一理论机制,大学生在参加体力活动的过程中应注意劳逸结合,这样能有效消除运动疲劳,促进身体的尽快恢复。

劳逸结合的具体操作方法主要有以下三点。

第一,可以通过增加睡眠的方法来消除运动疲劳。

第二,要做好充分的热身活动和整理活动,具体可通过慢跑和呼吸体操的形式逐渐消除疲劳。

第三,大学生在参加完体力活动后,不要立刻静止不动,要采用积极休息的方法从运动状态过渡到静止状态,如放松走跑、变换活动部位放松练习等。

(二)合理的膳食与营养

大学生参加体力活动会消耗机体大量的能量,如果能量不能得到及时有效的补充就容易导致运动疲劳,因此及时地补充营养是十分重要的。大量的实践表明,合理安排饮食,可有效增进身体健康,改善机体内环境,增大体内能源物质的贮备,可推迟运动疲劳的发生。

大学生在参加体力活动的过程中,营养物质的消耗会导致运动疲劳现象的产生,因此,针对这一疲劳产生的生理机制,可通过适当补充营养物质的方法来延缓和消除疲劳的产生。在平时的运动锻炼中,大学生可以结合自身情况适当补充营养,补充机体所消耗的物质,修复体内受损结构,有效消除运动疲劳。

(三)采用物理康复医疗手段

物理康复医疗也是促进大学生身体恢复的一种有效的手段,主要包括水疗、光疗、蜡疗、电疗等方法。

(1)水疗法:利用水的温度、静压、成分、浮力等机械刺激有机体,改善机体生理活动,具体包括温水浴、淋浴、盆浴、涡流浴、桑拿浴等。

(2)电疗法:用各种电流刺激人体以消除运动疲劳,如直流电离子导入疗法、感应电疗法和超刺激电流疗法等,刺激神经和肌肉,改善血液循环,减轻疼痛,防治肌萎缩,治疗腰颈和关节劳损,缓解神经疲劳。

（3）吸氧：吸氧能够促进人体的新陈代谢,改善体内的微循环,有助于运动疲劳的消除。

（4）空气负离子疗法：空气负离子能改善肺的换气功能,增加氧吸收量和二氧化碳排出量,刺激造血机能,加快血流速度,加大心搏输出量,扩张毛细血管,加速乳酸代谢。这对于运动疲劳的消除也具有良好的效果。

(四)中医康复手段

按摩、拔罐、针灸等也是消除人体运动疲劳的有效方法,具体操作如下所述。

（1）按摩：用推拿按摩消除运动中的疲劳,经济简便,随时随地都可实施。常见的按摩方法主要有人工按摩、机械按摩、水力按摩、气压按摩等。大学生可以结合自身实际情况合理地选择。

（2）拔罐：大量的事实表明,拔罐也能有效消除参加体力活动所产生的运动疲劳。具体而言,通过拔罐能对身体局部产生负压作用,可使组织内的瘀血散于体表,促进代谢产物排泄,进而有效消除运动疲劳。

（3）针灸：针对肌肉疲劳可采用穴位针刺的方法。消除全身疲劳,则主要采取针扎强壮穴足三里的方法。需要注意的是,针灸治疗方法要在专业人员的指导和帮助下进行。

(五)心理调节方法

相关研究与事实表明,通过一定的心理调节对于运动疲劳的消除也具有重要的作用。通过心理干预可调节大脑皮层和消除机体疲劳,具体应选择在宜人的环境中进行,要注意室内或室外的温度、光线、声音、空间、空气等应令人舒适,不能使人产生不适感。

在进行心理调节的过程中,大学生可以在专业人员的引导下促使机体得到有效的放松,具体操作方法主要有以下两种。

（1）表象和冥想训练。

（2）自我积极暗示,可通过积极性语言进行自我暗示与鼓励。

以上两种心理调节的方法对于大学生身体机能的恢复都具有不错的效果,值得提倡和推广。

第七章　健康体适能促进大学生体力活动的科学训练手段

大学生长期坚持参加科学的体适能训练对于提高自身的体质健康水平及参加体力活动的能力具有重要意义。本章主要为大学生参加肌肉适能训练、心血管适能训练、柔韧适能训练以及平衡适能训练设计丰富多样、科学有效的训练手段，从而为大学生参与健康体适能训练提供理论与实践指导。

第一节　肌肉适能及训练

一、增进肌肉适能的重量训练

（一）重量训练的概念与内容

重量训练指的是将一定重量的器械负荷于肌肉群，利用肌肉对器械产生的拮抗作用，以渐进及超负荷的方式使肌肉组织的力量、耐力得到提高的训练方法。采用重量训练方法，能够对要训练的肌肉或肌肉群进行针对性的刺激，使肌肉在负荷下完成动作，最终达到提升人体肌肉组织能力的目的。重量训练对增进肌肉适能及整个身体体适能都具有重要意义。

重量训练的分类方法主要有两种。

第一种，根据训练目的和训练功效，可以将其划分为健美训练、改善体适能训练、康复训练以及运动项目的辅助训练四种类型。

　　第二种,根据实施阻力以及对抗阻力的不同,可以分为无器材训练和有器材训练。无器材训练中,阻力来源于训练者自身重量;有器材训练中,阻力来源于所用的器材器械。有器材训练中,可以用简单的哑铃或杠铃进行练习,训练者可以调整训练角度、动作幅度,根据自身情况调节阻力大小。但是要掌握技巧则需要较长时间,而且操作不当容易受伤。此外,也可以用健身房的综合性器材进行练习,锻炼身体各部位的肌肉组织。综合性器材的架构比较稳定,使用起来有一定的安全保障,而且可以灵活操作器械来对阻力进行调整,从而提高对某一肌群的锻炼效果。

　　采用哑铃或杠铃的重量训练方式和采用综合性器械的重量训练方式各有利弊,见表7–1。

表7–1　哑铃/杠铃与综合健身器械的对比

	哑铃/杠铃	综合健身器械
优势	（1）可根据实际情况调节负荷重量 （2）锻炼方式多 （3）针对性更强 （4）对平衡力有一定的要求 （5）价格低	（1）操作快捷 （2）安全性较高 （3）独立练习,无需辅助 （4）可对身体各肌群进行锻炼 （5）多名练习者可同时使用
不足	（1）一些负荷较大的练习需要在辅助者的帮助下完成 （2）危险性较大 （3）调整负荷大小需要花费时间 （4）要熟练技巧需花费较长时间	（1）器械大小不一定适合所有练习者 （2）完成转动动作受限制 （3）动作快时,在离心工作时有"零重量"的负荷 （4）价格高

（二）重量训练的原则

1. 适应性原则

　　在重量训练中,肌肉做出什么反应与其受到的刺激有关,对肌肉施加积极的刺激,会有效锻炼肌肉,增强肌肉的力量与耐力,而如果施加的刺激是负面的,就会引起肌肉退化,不利于肌肉适能的发展。

第七章 健康体适能促进大学生体力活动的科学训练手段

2.针对性原则

采用重量训练法来锻炼肌肉,一定要遵循针对性原则。首先确定好要训练哪个部位的肌肉,然后采用有针对性的方法来训练该部位肌肉力量或肌肉耐力。对于一些身体部位肌肉的训练,有专门的器械,将训练动作的活动范围确定好,就可以采用专门器械进行训练,如训练胸部肌肉的专门器械是蝴蝶机。重量训练的针对性原则还体现为训练肌肉力量、爆发力以及肌肉耐力采用的模式是有区别的,只有采用相应的模式进行针对性训练,才能取得良好的训练效果。针对肌肉力量、爆发力或肌肉耐力的训练模式,可参考表7-2。

表7-2 重量训练模式

	阻力/重量	重复次数	组数	动作速度	休息时间
肌力(高级组)	2~6RM	2~6	3~6	慢或中	3~5分钟
肌力(初级组)	8~12RM	8~12	2~3	慢或中	2~3分钟
肌耐力	≥15RM	15~30	3~6	中	尽量短
爆发力	4~8RM	4~8	3~6	快	3~5分钟
增大肌肉重量	6~15RM	6~15	3~5	慢或中	1~2分钟

3.可逆性原则

要训练肌肉力量与耐力,必须长期坚持,形成习惯,有计划、有规律地进行训练,如此才能给肌肉发展带来正面的影响。如果半途而废或者没有养成好的训练习惯,就会使肌肉出现萎缩退化的迹象。

4.超负荷原则

在重量训练方法的运行中,安排的训练负荷一定要比训练者平时习惯的负荷大,而且要逐渐增加负荷,这样才能有效促进肌肉力量的增加,使肌肉运动更持久。增加训练负荷的方式有增加训练部位承受的重量、增加重复次数等,这些方式都有利于正面刺激肌肉。

5. 合理安排锻炼次序原则

肌肉有大肌肉和小肌肉之分,在肌肉力量训练中要讲究大肌肉训练和小肌肉训练的前后次序,一般来说,先针对大肌肉进行训练,然后针对小肌肉进行训练,这主要是因为和大肌肉相比,小肌肉易疲劳,如果先对小肌肉进行训练,那么之后在大肌肉的训练中就难以达到超负荷的效果,从而直接影响训练效果。

6. 渐进性原则

在肌肉适能训练中,要刺激肌肉,达到超负荷的程度,就要不断增加重量或阻力,原则是由轻到重、循序渐进增加。渐进性原则应贯穿于长期及短期的肌肉训练计划中。

7. 灵活性原则

在肌肉能力训练中,尤其是在肌肉耐力训练中,要灵活安排不同训练方式的持续时间,如肌肉的离心收缩训练和向心收缩训练所用的时间就不同,前者是 2～4 秒,后者是 1～2 秒。如卧推训练中,两臂发力向上推所用的时间在 1～2 秒,屈臂还原时放慢速度,一般用时 2～4 秒。在全幅度运动中,保持适中的速度即可。

8. 安全性原则

为了保障安全,在肌肉适能训练中要合理安排休息时间,在肌肉训练计划中,应注意对恢复期的正确安排。肌肉只有得到好的休息和恢复,才能更好地接受下一次的训练,接受更大的刺激。大肌肉和小肌肉的恢复时间不同,大肌肉的恢复时间长一些,需要 2 天或更长时间,小肌肉一般是一两天。因此,安排重量训练计划时,一般每周三四次或隔一天一次。此外还要注意,不宜连续几天针对单一肌肉或肌肉群进行训练,这样不利于肌肉恢复,会增加肌肉受伤的风险。

9. 平衡性原则

要使身体各部位肌肉得到平衡发展,就要注意肌肉适能训练的均衡性,如均衡训练伸展肌和屈曲肌,如果厚此薄彼,缺乏训练的肌肉就容易退化,而训练过密的肌肉也容易受伤。

(三)重量训练的模式

重量训练的模式可总结为渐进模式,循序渐进进行肌肉阻力训练对提高肌肉适能水平非常重要。下面具体分析重力训练渐进模式的内容和要点。

(1)肌肉向心活动、离心活动,单一肌肉活动及多肌肉活动等都应该包含在重量训练计划中,这样的训练计划既全面又有特色。

(2)增加肌肉力量和肌肉耐力水平的最佳方法是加大训练量,增加训练组数。

(3)先训练大肌肉,再训练小肌肉;先进行多关节活动,再进行单关节活动;训练强度由小到大逐渐提升,这体现了重量训练方案编排的有序性。

(4)在重量训练的初级阶段,训练强度主要体现在训练的重复次数上,一般以8～12次为宜。从初级训练阶段过渡到高级训练阶段后,可将重复次数的范围调整得大一些,如1～12次,训练后期重复次数的范围逐渐缩小,如1～6次,重复次数不同,组间间歇时间也要相应调整。

(5)就练习速度而言,着重安排中等速度练习,重复次数以6～12次为宜,组间间歇1～2分钟。

(6)随着重复次数的增加,如果训练者适应了增加次数后的负荷,那么就可以增加重量了。关于训练频率,初级阶段每周安排两三次训练,高级阶段每周安排四五次训练。

(7)训练爆发力也要采用渐进方式,可以采用逐步增加重量的练习方式,也可采用以较轻重量配合较快速度的训练方式,第二种方式训练组数较多,组间间歇 2～3 分钟。

（8）在肌肉耐力训练中,比较理想的模式是以低至中等的重量(40%～60%的最大重复次数)配合高重复次数(＞15RM)。

（9）均衡训练身体各部位肌肉,增加多关节训练。

关于重量训练中重量、重复次数、组数、动作速度以及休息时间等要素的安排,可参考表 7-2。

不同肌肉训练对应的强度有所不同,重复次数和组数的变化如图 7-1 所示。

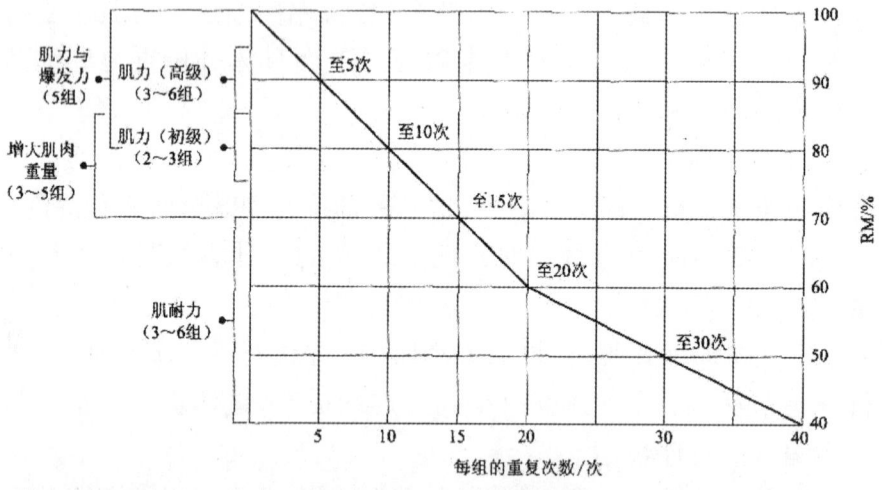

图 7-1[①]　不同肌肉训练的强度安排

（四）重量训练的几个观念误区

1. 重量训练停止后会使肌肉变成脂肪

从生理学上来看,这个说法是有误的。身体成分中包含脂肪和肌肉,它们是两个独立的身体组织。当重量训练停止后,会使肌肉萎缩退化;而停止运动后摄取高热量食物,才会增加脂肪。

[①] 郎朝春.健康体适能与运动处方[M].北京：北京理工大学出版社,2013：49.

2. 重量训练会影响肌肉柔韧性

有人认为重量训练会使肌肉紧绷,从而失去弹性,使肌肉柔韧性变差,实则不然。对重量训练计划进行科学设计,按照计划合理安排训练,做好热身练习和训练后的整理活动,将有利于肌肉柔韧性的改善。

3. 重量训练会导致行动缓慢

这个说法完全不成立,而且恰好相反,科学参加重量训练不仅能使肌肉强健,还能使身体更灵活,行动更快捷。

4. 女性参加重量训练会增大肌肉,使体型变得粗犷

肌肉大小在一定程度上受先天因素影响。一般来说,只要训练计划科学得当,严格遵守训练原则,合理安排训练负荷,女性在重量训练中就不会使肌肉增大。但因为男性的雄性激素旺盛,所以相对来说,男性在重量训练中出现肌肉增大的概率高。

5. 重量训练中杠铃、哑铃是最好的锻炼器材

在重量训练中,杠铃、哑铃、健身房健身器械都是常用的器材,它们各有利弊,这在表7-1中已经做过简单对比。虽然喜欢用哑铃、杠铃进行健身健美锻炼的人很多,但相比而言,更便于实施、安全性更高以及更易学习掌握的还是健身器械。

6. 训练中若感觉不到疼痛,就没有效果

疼痛是身体发出的一个信号,表明有受伤的可能或已经受伤。重量训练是为了增进肌肉适能,改善健康体适能,所以不应该盲目增加负荷以致有了疼痛感。只有训练适当、适量,才有效果。

二、大学生肌肉力量训练手段

(一)肩部肌肉力量训练

1. 颈前推举

身体直立,两手握杠铃于锁骨处,握距同肩宽,手臂向上伸直将杠铃推起,然后慢放还原。

2. 颈后推举

两手反手握杠铃于颈后,手臂伸展向上举起杠铃,然后慢放还原。

3. 头上推举

两脚开立,两手各握一个哑铃,屈臂置于肩上,手臂迅速向上伸展,将哑铃推举至头顶上方,慢慢放下还原。

4. 直臂侧平举

自然直立,两手各持哑铃垂于体侧,两臂伸至侧平举,快上慢下。

(二)颈部肌肉力量训练

1. 背桥练习

头、脚支撑在地面,仰卧或俯卧姿势,腰腹部向上挺,两手在胸腹部,使身体反弓成"桥"或腹部向下,以额头(或头顶)和脚趾支撑于地面,臀部上提成"桥"。

2. 双人对抗练习

两人一组,同伴在练习者前额围一块毛巾,一手拉住毛巾两端,一手扶在练习者肩胛部。练习者上体固定,向前向下低头,对抗同伴后拉毛巾的力量。

(三)手臂肌肉力量训练

1. 坐姿弯举

坐在凳端,两腿自然分开,一手握哑铃,另一手掌置于持哑铃手侧的膝关节上部,握哑铃手臂伸展,将肘关节的上部置于膝关节处另一侧的手背上,上臂固定,慢速屈肘至胸前,然后再有控制地恢复预备姿势。[1]

2. 手腕屈伸负重练习

两手反握杠铃或哑铃,前臂分别贴在两大腿上,手腕伸出位于膝关节外。手腕围绕额状轴上下旋卷,手腕卷屈幅度尽量大;或者采用正握杠铃的方法进行练习。

(四)腹部肌肉力量训练

1. 悬垂举腿

两手正握单杠,两臂伸展,下肢放松,身体悬垂,依靠收腹力量直腿上举,使脚腕触及单杠后再还原。

2. 支撑举腿

双手支撑在双杠上,两臂伸直,身体伸展,下肢放松,双脚并拢,收腹举腿至水平位,然后还原。

(五)胸部肌肉力量训练

1. 斜卧推举

在长凳上采取仰卧姿势,头、背、臀与凳面贴紧,背、臀成"桥

---

[1] 苗苗.大学生体质问题分析与运动处方研究[M].北京:新华出版社,2016.

形",双手持杠铃,手臂充分向上伸直。呼气,慢慢屈臂将杠铃下放到胸上部锁骨下沿,吸气,稍停,手臂伸直举起杠铃,举起过程中应憋气以扩大胸腔,反复练习。

2. 仰卧扩胸

仰卧在垫子上,两手持哑铃,两臂在身体两侧伸直,直臂慢速将哑铃举至胸的正上方,然后慢速还原。

(六)腿部肌肉力量训练

1. 卧抬上体

俯卧在台面,上体从一端探出,两手置于头后,上身下俯,然后快速向后向上抬上体,有控制地慢速还原,反复练习。

2. 下蹲腿后提铃

两脚开立,屈膝下蹲,杠铃与脚后跟紧贴,正握杠铃,蹲起直臂提铃于臀部,挺胸直背,然后还原。

3. 负重深(半)蹲跳

双脚开立,身体直立,双手握杠铃扛于颈后,屈膝半蹲快速蹬伸,髋膝踝充分伸展,向上跳起,落地时保持半蹲或深蹲。

三、大学生肌肉耐力训练手段

(一)重复爬坡跑

在斜坡道(15°)进行上坡跑练习,至少练习5次,距离最少为250米。练习一段时间后,可穿沙背心按同样的方法进行练习。

(二)沙滩跑

在沙滩上进行快慢交替跑练习,每组500~1 000米,根据个人情况调整速度,穿沙背心进行练习也可。

(三)连续跑台阶

在 20 厘米高的楼梯上连续跑 30 ~ 50 步,每步跑 2 级,重复 6 次,每次间歇 5 分钟,保持 55% ~ 65% 的强度。

注意动作不能间断,放松向下走,心率下降到 120 次/分钟时进行下一次练习,穿沙背心练习也可。

(四)半蹲连续跳

在草地上双脚连续向前跳,落地成半蹲姿势,然后迅速起身继续练习,半蹲时膝关节弯曲度为 90° ~ 100°。

(五)连续跳推举

原地蹲立,双手将杠铃杆握好,将杠铃提到胸后,连续进行跳推举杠铃杆练习,每组 20 ~ 30 次。

(六)沙地后蹬跑或跨步跳

在沙地上进行后蹬跑或跨步跳练习,跨步跳每组 50 ~ 60 米,后蹬跑每组 80 ~ 100 米。

(七)双摇跳绳

原地正摇跳绳,摇两圈跳一次,连续进行练习,每组 30 ~ 40 次。熟练掌握二摇一跳的技巧。进行下一组练习前,要确保心率恢复到 120 次/分钟以下。

(八)连续跳栏架

将 20 个高 30 ~ 40 厘米的栏架纵向排列好,然后进行连续过栏练习(双脚起跳)。每组往返一次,共做 9 组左右。

（九）连续引体向上或屈臂伸

在单杠上连续做引体向上练习，或在双杠上连续做屈臂伸练习，每组做 20～30 次，共做 5 组左右。

（十）双杠支撑连续摆动

双杠上直臂支撑，以肩为轴做摆动，每组 40 次，共 4～5 组，两组之间间歇 3 分钟左右的时间，保持 40%～55% 的强度，前后摆两腿要摆出杠面水平，两腿并拢、伸展。

第二节 心血管适能及训练

一、心血管适能训练处方

（一）运动强度

适宜的运动强度一般为 40%～85% 最大吸氧量贮备或 55%（或 65%）～90% 最大心率。如果训练者体质较差，可以适当降低运动强度。

（二）运动持续时间

不管是持续训练还是间歇训练，每次有氧训练时间在 20～60 分钟范围内，这样才能取得较好的训练效果，提高心血管机能水平。

具体来说，运动时间与运动强度有关，强度决定时间，如果运动强度小，则每次有氧训练时间应超过半小时。在高水平训练中，训练者每次训练时间至少要持续 20 分钟，而且随着训练水平的提高，持续时间还要延长。

运动持续时间的长短直接影响心血管适能的训练效果，但如果盲目延长运动时间,导致负荷过大,那么发生运动损伤的危险也比较大。因此,对于为了改善心血管机能,增强体质而参加有氧训练的大学生而言,宜采用长时间中等强度的训练模式。

（三）运动频率

心血管适能训练主要以有氧运动训练为主,运动频率以每周3～5次为宜。

（四）运动方式

对训练者个体来说,他们感兴趣并能长期坚持参加的运动便是最好的运动。但因为训练目的的不同,训练也有了针对性和专门性,要提高哪方面的体适能,就要参加相应的训练。如要提高肌肉适能,就要参加重量训练,要提高心血管适能,就要参加有氧训练,训练效果多是通过改善肌肉组织及关节而实现的。

在有氧运动训练中,要先做好充分的热身与准备活动,以伸展练习为主,包括躯干的伸展和四肢的伸展,热身是为了减少损伤,并尽快进入正式训练状态。刚开始训练,会有肌肉酸痛感,但坚持训练一段时间,这种疼痛就会很快消失,但如果中断训练很长时间或者突然增加了负荷,还会再次出现肌肉疼痛的现象。合理编排有氧运动训练计划和运动处方,按计划和处方科学训练,完成一个周期的训练后,进行心血管机能测评,根据测评结果修改计划与处方,适当增加训练强度,以取得更好的训练效果。

二、大学生心肺适能训练手段

（一）趣味定向跑

教师先在校园中找几个标志景点拍照,把照片打印出来,课堂上将学生分成若干组,将打印好的照片发给学生,要求学生到达照片中的景点,用时少的学生获胜,注意给不同学生发不同的景点照片,以免发生跟跑现象,但教室与景点的距离长短应接近。

(二)网球练习

准备若干网球,学生在网球底线中间处站好,教师在对面场地网前给学生送球,学生移动接球,移动方式为交叉步或侧滑步,用手接球后扔球过网,再回到原来位置继续练习。

(三)网球场折返跑

2~3块网球场,学生先在一块场地沿双打边线做4个来回折返跑,完成后跑到另外一块场地继续做4个来回折返跑。

(四)组合跳练习

练习一:先进行32次双脚并拢的前后跳跃,再进行前后交叉步32次,左右跳跃32次,开合32次,开合交叉32次。

练习二:前—右转腰32次,前—左转腰32次,原地跳跃旋转一圈,原地收腹跳10次。

(五)校园毅行

在校园内选择一条固定路线,让学生背上包用最短的时间从规定路线到终点。

(六)800米循环跑竞赛

将学生分成两组,两组人数均等,各组纵队排列围跑道匀速跑,排在最后的学生向排头跑,成为新的排头,然后最后一个学生再向排头跑。循环10次,完成10次循环且先跑完800米组获胜。

(七)手球竞赛

将学生分成两组,两组人数均等,用书搭建一个模拟球门,球门宽2米,安排一人守门,其他人以三步传球、运球等方式给同伴传球,各组人员相互配合进球,要求进球时球的高度不超过守门者的腰部。

(八) 寻字游戏

在校园找几个区域,在比较隐秘的位置放上写好名言的卡片,给学生发放校园地图,让学生寻找卡片,让不同学生找不同位置的卡片,但距离应接近,最先找到卡片且把卡片带回教室的学生获胜。

(九) 单人与多人跳绳

单人或多人跳绳比赛,计时1分钟,允许中途间断,累计1分钟的总跳绳次数。

(十) 扇形折返跑

站在位置1,从1跑到2并碰到桩,然后折返到1碰桩,再从1跑至3,然后跑回到1碰桩,依次进行,用最快的速度触摸到8个桩。

(十一) 一分钟篮球运球与跑篮

从一侧篮下底线,快速运球到另外一个篮架投篮,投中后再运球回到另外一侧投篮。

(十二) 后退跑—转身向前跑—后退跑—转身向前跑组合循环练习

4个标志物1、2、3、4,每个之间间隔20米,1—2后退跑,到2后快速转身变成向前加速跑,到3后快速转身变成后退跑,跑过4后到另外一侧继续进行和刚才同样的组合变化直到最开始的位置,重复10组。

(十三)向前快速跑桩

1. 一步一桩

将 8～10 个桩整齐摆放在一排,相邻两个桩之间保持 60～80 厘米的间隔距离,屈膝,身体前屈,做好跑步的准备姿势,以前脚掌着地的方式快速跑进,每跑一步跨过一桩,依次跨过所有桩后返回继续练习。

2. 两步一桩

将 8～10 个桩整齐摆放在一排,相邻两个桩之间保持 60～80 厘米的间隔距离,屈膝,身体前屈,做好跑步的准备姿势,以前脚掌着地的方式快速跑进,每跑两步跨过一桩,依次跨过所有桩后返回继续练习。

(十四)行进间侧向高抬腿

将 8～10 个桩整齐摆放在一排,相邻两个桩之间保持 60～80 厘米的间隔距离,身体侧对桩站立,高抬腿依次跨过每一个桩,到达终点后再返回来继续练习。

(十五)分腿、并腿跳

将 8～10 个桩整齐摆放在一排,相邻两个桩之间保持 60～80 厘米的间隔距离,分腿跳过第一个桩,再并腿跳过第二个,分腿跳过第三个,如此跳完所有桩后返回。

(十六)小碎步绕桩跑

将 8～10 个桩整齐摆放在一排,相邻两个桩之间保持 60～80 厘米的间隔距离,小碎步移动依次跳着绕过每个桩,然后返回。

第七章　健康体适能促进大学生体力活动的科学训练手段

（十七）跑台阶

在有若干台阶的地方练习,学生快速跑完所有台阶再返回,重复次数可根据学生的体质来安排。

（十八）斜向跨步跳

将 8~10 个桩整齐摆放在一排,相邻两个桩之间保持 60~80 厘米的间隔距离,学生双手放在身后,在两个桩中间屈膝跳过,停在桩的侧面,此时下颌应与脚尖在同一垂直线上。

（十九）变向和转向游戏

用侧滑步方式练习转向与变向,教师发出方向口令,学生按口令侧滑步移动,教师变化方向口令,学生侧滑步按指定方向移动,反应要快。

第三节　柔韧适能及训练

一、柔韧适能的训练原则

为提高身体的柔韧适能,提高运动能力,同时避免运动损伤的发生,确保安全,在进行柔韧适能训练中必须严格遵守以下几项原则。

（一）做好准备活动

通过小跑步使体温逐渐增加,减少肌肉和肌腱的黏滞性,使肌肉与肌腱处在良好的运动状态,这样可以提高柔韧练习的功效,也可以减少肌肉拉伤的概率。

（二）柔韧练习要与呼吸相配合

在柔韧练习过程中，应该配合动作幅度缓慢地做深呼吸；暂停呼吸、屏气用力等都会使动作僵硬，不协调，会加大肌肉拉伤的风险。

（三）运动前后做拉伸运动

人们往往只注重运动前的拉伸练习，却忽视了运动后的拉伸练习。运动后的拉伸练习很重要，利用物理性的伸拉、挤压作用，会使组织细胞内的物质代谢和能量交换速度加快，这对消除运动疲劳和增加运动肌肉的弹性和伸展性有较好的效果。

（四）拉伸动作缓慢而温和

拉伸时不可猛压或急压，拉伸的目的是利用肌肉、肌腱的弹性及延伸性，刺激肌梭神经及肌腱感受小体的神经信息，而逐渐地增加伸展的潜力及忍受力。无论是动态适能练习还是静态适能练习（连续 30 秒以上），只要是缓和的，都有成效；切忌拉压不到位或猛烈急压、外力施压。

（五）替换拉伸不同肌群

一个动作的完成需要一组或一群肌肉的参与，由于肌肉解剖位置的不同，其拉伸动作也不相同。除了拉伸协同肌，方向相反的拮抗肌也必须对等地拉伸，以避免拉伤拮抗肌。

（六）拉伸幅度适度

在做拉伸练习时，有"张力感"或"酸胀感"是正常的。但当肌肉疼痛感明显时，要及时停止，预防损伤发生。

二、大学生柔韧适能训练手段

(一)肩关节柔韧训练

1. 向内拉肩

站姿,一臂肘关节抬到齐肩高,屈肘与另一臂交叉。另一臂抬到齐肩高将对侧肘关节抓住,呼气,向后拉,保持片刻(图7-2)。

图 7-2

2. 向后拉肩

站姿,双手在背后掌心相贴,手指向下,吸气,手腕转到手指向上。吸气,双手向上移到能力极限,并将肘部向后拉,保持片刻(图 7-3)。

3. 背向拉肩

背墙,双臂向后直臂扶墙,与肩同高。呼气,屈膝下移重心,手臂和上体充分伸展,保持片刻(图 7-4)。

图 7-3

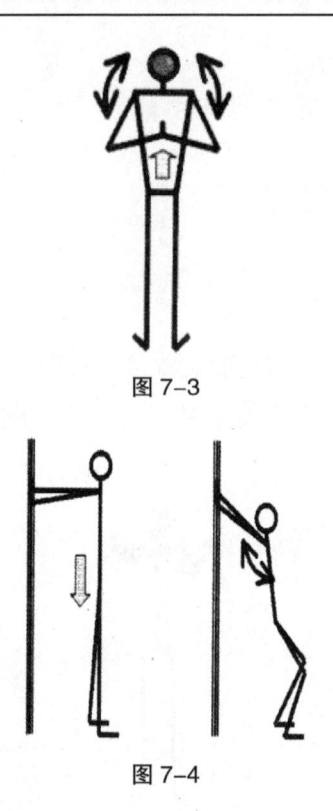

图 7-4

4. 握棍直臂绕肩

双立，双手握木棍。吸气，直臂从髋前部向上绕到髋后。再绕回（图 7-5）。

图 7-5

5. 助力顶肩

跪姿,双臂上举,双手交叉于身后的辅助者颈后。辅助者手扶在髋部触碰对方肩胛部位,后仰,用髋部向前上顶,保持片刻(图7-6)。

图 7-6

6. 助力转肩

一臂屈肘90°侧举,同伴帮助固定肘关节,向后推手腕,保持片刻(图7-7)。

图 7-7

(二)腕关节柔韧训练

1. 向内旋腕

站立,双手合掌,臂伸直。呼气,手腕内旋,双手分离(图

7-8）。

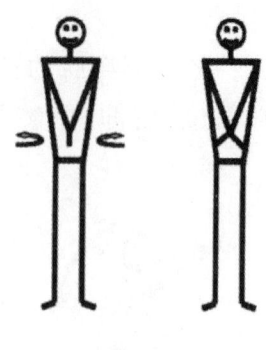

图 7-8

2. 跪撑侧压腕

跪姿撑地,手指指向体侧。呼气,重心缓慢向前、后方向移动（图 7-9）。

图 7-9

（三）髋关节柔韧训练

1. 身体扭转侧屈

站姿,左腿伸展、内收,在右腿前交叉。呼气,上体右侧屈,双手争取去触碰左脚跟,保持片刻(图 7-10)。

图 7-10

2. 台上侧卧拉引

侧卧，双腿伸展。呼气，一腿直膝分腿后移，悬在空中，保持片刻（图 7-11）。

图 7-11

3. 仰卧髋臀拉伸

平卧，外侧腿从台子上向下移到悬垂空中。吸气，内侧腿屈膝，双手抱膝缓慢拉向胸部，保持片刻（图 7-12）。

图 7-12

（四）踝关节柔韧训练

1. 跪撑后坐

跪姿，双手撑地，双脚并拢脚掌支撑。呼气，臀部向后下方移，保持片刻（图7-13）。

图7-13

2. 上拉脚趾

将一腿小腿移到另一腿大腿上。一手将踝关节抓住，另一手将脚趾和脚掌抓住，保持片刻（图7-14）。

图7-14

3. 踝关节向内拉伸

将一腿小腿移到另一腿大腿上。一手把踝关节上部小腿抓住，另一手把脚外侧抓住。呼气，并向内拉引踝关节外侧，保持片刻（图7-15）。

图 7-15

第四节 平衡适能及训练

一、一般平衡适能训练

(一)坐立练习

该练习可促进腿部力量及踝关节力量的增强,还能锻炼平衡感。

在椅子上端坐,背部不要靠椅背,两臂于体前相互交叉,不借助双臂的力量尽快站起,再坐下,重复 10 次。

(二)单腿站立

该练习可促进腿部力量和肌肉稳定性的增强。

双脚开立,两臂前伸,一腿屈膝 45° 向后抬脚,保持该姿势不动,坚持 5 秒或更长。重复 5 次,换另一腿屈膝向后抬脚继续练习。

练习一段时间后,双目紧闭进行单腿站立练习。在日常生活中就可以完成这一练习,如等公交车、做家务、打电话等,这样可以使练习更有趣,效果也比较好。

（三）侧步练习

身体面向墙壁，左脚向左侧迈一步，右脚跟上，移动 10 次后，换另一个方向，从右脚移动开始。将单纯的侧步移动练习熟练掌握后，可结合舞蹈进行练习，左脚先向左侧移动一步，右脚从体后交叉移动到左脚左侧，左脚从体前越过右脚继续向左移动一步，移动 10 次后，换方向继续练习。

（四）瘪球练习

单脚站在放了气的篮球球体上，开始练习时可以用手将栏杆抓握住，避免摔跤，熟练后独立练习。

（五）前脚跟碰后脚尖式行走

这个练习在什么时候都可以做，尽量选择在平坦的地面上练习。一只脚放在另一只脚前，前脚跟与后脚尖刚好触碰到，按这种方式向前走 3 米，重复练习 2 次。

二、健身房的平衡适能训练

（一）利用健身球训练平衡性

健身球是训练平衡感的专用器材，手抱球或双腿在球上静止不动都可以有效锻炼平衡感，促进平衡能力的提升。采用健身球进行平衡感练习，要配合使用不同大小的球，逐渐提高训练难度，以强化训练效果。

1. 小球训练

在软榻上单腿站立，一只手拿球，保持身体处于平衡状态，手脚要协调配合，保持动态平衡。

2. 大球训练

向下降低重心,两腿跪在球上,向两侧打开双手,减少晃动,以保持身体平衡。

3. 大球 + 小球训练

两腿跪在球上,左手拿球,保持平衡后,左手向右手抛球,右手接球后再向左手抛球,反复如此,注意不要让球掉落或者两腿从球上掉下来。

(二)利用软榻训练平衡性

软榻训练是利用专用的平衡训练榻进行身体平衡训练,脚踩上去会下陷,软榻有正方形、长条形、斜坡形等多种类型,训练难度应该逐步增加。

第一式:双脚站立于软榻上,双手侧平举,感受并调整身体去控制平衡。

第二式:双脚呈前后状站立于软榻对角线上,双手侧平举,努力控制身体平衡。

第三式:单脚站立于软榻上,双手侧平举,控制身体平衡。

(三)利用弹力带训练平衡性

在软榻上单脚站立,将弹力带踩住,两手将弹力带拉住,保持身体处于平衡状态。为了增加训练难度,可以变化手拉弹力带的位置,也可调整拉带的方式。

(四)利用普拉提训练平衡性

1. 第一式

面向垫子较长的一侧做高跪姿势。

2. 第二式

左手伸直放在垫上支撑身体，右手置于额前上方，右腿抬起伸直直至平行于地面。

3. 第三式

吸气，尽力向前伸右腿到最高点时轻点两下。伸腿时避免肋骨突出或改变左脚在垫子上的位置。

4. 第四式

吸气，右腿向后伸到最大限度时轻点两下。恢复到第一式，抬左腿重复上述练习。

三、专业平衡适能训练

（一）布带训练

准备一条结实耐用的布带，宽10厘米左右，固定好布带的两头，将布带悬空在离地面有一定距离的高度，此时通过在布带上行走可锻炼平衡感。为避免发生损伤，布带悬空高度要适宜，而且教师要做好保护工作。

（二）梅花桩训练

准备若干较粗的木棍，将木棍立起摆放成各种形式，通过在木棍上行走可以锻炼平衡适能，为增加练习难度，练习者行走时可以把较轻的东西放在头上。因为木棍比较笨重，搬运有难度，所以大学生可以选择用书籍来设计梅花桩阵型。

（三）专业设备训练

利用专门的仪器设备可以对人体的静态平衡性及动态平衡

性进行测试与锻炼,经过测试可以了解人的平衡能力,以测试结果为依据对个性化平衡适能训练计划与方案进行设计,并将听觉反馈与视觉反馈利用起来,以促进平衡适能的改善或恢复。测试与训练人体平衡性的专业设备价格较高,普通高校比较少见。

第八章 健康体适能促进大学生体力活动的运动处方设计与应用

健康体适能对大学生体力活动有着积极的促进作用,这一点毋庸置疑,而要达到理想的促进效果,除了要进行科学的训练之外,设计科学的运动处方并加以应用也至关重要。因为运动处方的设计与应用,能够保证健康体适能作用的发挥,以及对大学生体力活动的促进作用。本章首先对运动处方的基本理论加以阐述,在此基础上,重点对青少年健身运动处方以及治疗性运动处方的设计与应用加以分析和研究,从而保证运动处方设计与应用的科学性、针对性与实用性。

第一节 运动处方概述

一、运动处方的概念界定

运动处方,就是以医学检查资料为依据,同时,结合所要针对的从事体育锻炼者或康复患者的健康、体力以及心血管功能状况,以处方的形式,来将其所涉及的运动种类、运动强度、运动时间及运动频率明确规定下来,将其中可能会出现的注意事项提出来,从而对人们的身体锻炼和康复治疗有积极的指导作用,并保证锻炼与治疗的科学性、目的性与计划性。

由此可见,科学的运动处方意义重大,具体来说,可以将其大致归纳为以下几点。

（1）科学合理的运动处方,能使锻炼者的身体状态得到有效改善,身体的健康水平也会有所提高,不仅适应环境的能力有所提高,在疾病的预防方面也有积极影响。

（2）科学合理的运动处方,在设计和应用时,一定要遵循循序渐进、持之以恒的原则,这样能保证运动处方的科学性和有效性,从而将其在提高身体素质水平和提高锻炼者的综合运动能力方面的积极作用充分发挥出来。

（3）科学合理的运动处方,在设计和应用过程中,能够使意外伤害事故的发生概率大大降低,而康复治疗的安全性则会得到有力保证。

二、运动处方的内容

（一）运动方式

当前,运动处方中所用到的运动形式主要有以下三种。

（1）有氧耐力运动项目,主要有步行、速度游戏、游泳、骑自行车、滑冰、划船、跳绳、跑台运动等。

（2）伸展运动及健身操,主要有广播体操、气功、武术、舞蹈及各类医疗体操和矫正体操等。

（3）力量性锻炼,主要有自由负重练习、部分健美操等。

对于大学生来说,他们在进行运动训练时,要与自身的特点和能力相结合,来将那些适合自己的运动项目作为理想选择。比如,大学生要想达到健身或改善心脏功能的目的,就可以选择一些耐力性项目,像走、慢跑、游泳、自行车等是理想选择;要想达到增强肌肉的目的,那么,力量性项目就是理想选择;而要是以松弛精神、缓解神经衰弱为目的,则太极拳、保健按摩、散步和放松体操等是理想选择。

（二）运动强度

运动强度,就是在单位时间内所完成的运动量。对于大学生来说,其运动训练的效果会因为运动量的安排合理和恰当与否而有很大的差别。因此,制定科学合理的运动强度非常重要。

要制定科学合理的运动处方,首先要遵循因人而异的基本原则,而在选择运动负荷强度时,要以心率、自感用力度、最大吸氧量贮存百分比为依据,来进行定量化设计和监测。在选择运动强度时,应该是适宜的,过高过低都不可以,应该是有一定难度,而通过努力是可以实现的,这样对于大学生运动训练和疾病康复治疗都会产生积极的促进作用。

（三）运动持续时间

在运动训练中,总的运动量是运动强度与运动时间相乘的结果,因此,运动持续时间和运动强度之间有着密切的关系。如果能够将总运动量确定下来,那么,运动强度与运动时间之间就是反比的关系。

（四）运动频率

研究发现,体适能的变化与运动频率之间的联系非常紧密且直接,一般地,如果每周运动6天,其所产生的运动效果要远远大于每周运动3次的两倍效果,所以,适当地增加运动频率,能使体适能增加,在控制体重方面也有显著效果。但是人体对训练刺激做出反应还需要一定的时间,长时间运动后还需要一定时间来消除疲劳以恢复运动能力,为此可以选择隔天一次的运动来提高运动的持续时间。

另外,还要注意,运动频率要因人而异,不能一概而论。如果是体能素质较低的人或者不常从事运动训练的人,那么运动频率控制在一周3次,即可达到增进有氧适能的目的,但是,如果运动强度和运动持续时间持续性增加,那么就必须在运动频率上也适

第八章　健康体适能促进大学生体力活动的运动处方设计与应用

当增加,才能达到继续改善有氧适能的目的。

三、运动处方的特点及功能

(一)运动处方的特点

1. 目的性强

运动处方在设计时,就会考虑其目的性,其通常都会有明确的近期目标与远期目标。比如,以健康促进为目标的运动处方,在设计与应用时,所明确的目标就是强身、健心、益智、怡情与健美。

2. 计划性强

运动处方的设计与应用,都是综合考虑大学生的实际情况而定的,因此,具有非常强的计划性特点。由于运动处方根据本人的需求进行设计与实施,因而易于坚持。练习者依据事先制定好的运动处方进行运动锻炼,能提高运动锻炼的兴趣,并逐渐养成终身运动的习惯。

3. 针对性强

运动处方在设计时,通常要针对大学生的个人实际情况来进行,比如,健康状况、体适能水平、兴趣爱好、职业特点与环境条件等,这就将运动处方一对一的针对性与典型的个性化特征体现了出来。由于运动处方是针对个人的实际情况进行设计与应用的,因此,其在适应性与健康促进方面有着积极的影响。

4. 科学性强

运动处方的设计与应用,要严格按照相关的学科知识与原理来进行,这样才能保证所设计的运动处方是科学的,是具有可操作性与实效性的。一般地,科学的运动处方能在较短的时间内取得提高体适能、防治疾病、增进健康的效果,达到预期的目标。

(二)运动处方的功能

1. 提高免疫力

对于大部分人来说,在免疫系统的作用下,机体是能够维持相对平衡的状态的。但是,如果免疫系统出现问题,那么机体的生理平衡状态就会被打破,从而对整个机体的正常生理状态产生影响,进而大幅度降低机体自身抵抗疾病的能力。

在运动训练过程中,合理适宜的运动负荷能够对机体产生积极的影响,比如,能有效刺激中枢神经、呼吸、心血管、内分泌等系统,从而有效促使这些系统产生形态和功能上的适应性变化,以此来达到提高免疫能力的目的。

2. 改善心肺功能

通常,运动处方中所采取的运动形式主要为中等强度的有氧运动。有氧运动能够有效锻炼和提升心肺功能,一方面,可以降低安静时的心率;另一方面,可以增强心脏的收缩力量,增加每搏输出量,提高心血管功能。

在将运动处方设计出来之后,要进行合理的应用,才能产生理想的效果,比如,能对大学生肺部组织的弹性起到增强作用,肺活量和机体的摄氧量都会有所增加,能全面改善呼吸系统的功能状况。

3. 治疗现代文明病

当前,人类的健康水平逐渐下降,这在很大程度上与现代文明病有着密切关系。长时间处于紧张状态,就会导致人的抑郁、焦虑、恐惧等一系列心理疾病产生。在现代社会,脑力劳动已经占据主流,体力劳动的缺失和运动锻炼机会的减少,都导致颈椎病、肩周炎、肥胖症、冠心病、高血压、高血脂等各类疾病接踵而至,威胁着人类的健康。盲目的体育锻炼在面对这些文明病时显得有些力不从心,人们亟须有针对性的科学、合理的锻炼方式。而制定符合自身实际情况的运动处方恰好能够满足人们这种需求。

四、运动处方的结构

(一)准备活动部分

在运动处方中,准备活动部分的存在,能够使身体做好准备,起到热身的作用,使心血管、呼吸等内脏器官系统突然承受较大运动负荷而引起的意外,以及肌肉、韧带、关节等运动器官的损伤发生得到尽可能避免。

一般来说,准备活动部分中采用的运动形式主要为运动强度小的有氧运动和伸展性体操,较为典型的运动项目有步行、慢跑、徒手操、太极拳等。

准备活动部分的时间通常都是比较短的,在开始锻炼的早期阶段,准备活动的时间可为 10~15 分钟;在锻炼的中后期,准备活动的时间可减少为 5~10 分钟。具体也可以根据锻炼阶段的不同来进行灵活的变化和调整。

(二)基本活动部分

在经过有热身作用的准备活动部分之后,就进入运动处方的主体部分了,即基本活动部分,康复治疗或健身目的的实现都是通过基本活动部分这一途径实现的。

通常,基本部分的运动内容、运动强度、运动时间等都要以具体运动处方的规定为依据来进行安排。

(三)整理活动部分

运动处方的最后一个结构是运动结束后的整理活动部分,在这一部分中,要对具有一定内容和时间的整理活动进行科学安排,从而使因突然停止运动而引起身体不适状态的情况得到有效避免,如头晕、恶心等,除此之外,也能使运动损伤得到有效预防。

一般地,运动处方中的整理活动部分用到的方法内容主要有散步、放松体操、自我按摩等。整理活动的时间一般为5分钟左右。

五、运动处方的制定

运动处方的制定至关重要,其不仅关系着运动处方的可操作性如何,还关系到最终的应用效果。

(一)制定运动处方遵循的基本原则

在制定运动处方时,首先要遵循一定的原则,这些原则能够保证运动处方的科学性、合理性和实用性。

1. 针对性原则

对于不同的个体来说,要制定出不同的、与各个个体相适应的运动处方,才能取得理想的应用效果,这是因为每个人的基本情况和身体条件不尽相同,不同年龄、不同体质、不同疾病的人群所需要的运动处方也是不同的。因此,制定运动处方时,必须因人而异,切忌千篇一律。

一定要按照自身的体质状况和锻炼方法的可承受性来对运动处方的运动负荷进行科学安排。在锻炼后的恢复期中,也要参照自身营养状况、负荷量的强弱和锻炼过程中营养消耗的种类,并且与健身目标配制饮食结构相结合,从而对身体的恢复起到促进作用,也能有效保证健身目标对能量的需求。

2. 渐进性原则

在制定运动处方时,之所以要遵循渐进性原则,主要是由于

第八章　健康体适能促进大学生体力活动的运动处方设计与应用

体质增强的规律,在实施过程中要求针对个人的体质状况,不管是运动的难度还是负荷,都要逐渐增加。如果突然进行一次大强度、长时间和多次重复的锻炼,这与渐进的宗旨以及身体发展的规律都是相违背的,甚至可能造成身体机能失调,破坏同化优势的法则,既难以增强体质,也会伤害到身体。

3. 全面锻炼原则

人体本身是由多个系统和器官构成的一个复杂系统,并且这些系统之间是相互联系、相互影响的。同时各系统又有各自的功能,它们之间不可互相替代。因此,必须运用健身锻炼处方来完善身体和促进身心的全面发展,在选配健身锻炼处方时,一定要对处方内容、方法和对身体锻炼的部位、顺序和效果进行全面考量。

4. 可操作性原则

运动处方的制定,需要对很多方面的因素进行综合考虑,其中,大学生所处环境与实际的锻炼条件就是其中之一,这就要求将所拥有的体育资源充分利用起来,使运动处方制定后能够得到落实,具有可操作性。

5. 安全性原则

制定运动处方时,服务对象的身体情况也是需要考虑的重要因素,这就要求首先要对大学生进行全面的健康诊断和体力测试,保证其在安全的运动负荷和运动量范围内进行锻炼或康复活动,使运动损伤得到有效避免。

(二)制定运动处方的基本步骤

制定运动处方,不仅要遵循基本原则,还要按照相关的步骤进行,主要有以下几方面。

1. 健康调查与评价

进行健康调查是为了对参加运动锻炼的人群的基本健康状况和运动情况有所了解和掌握,基本内容有询问病史及健康状况、对运动史加以了解、对运动目的加以了解、对社会环境条件加以了解等。

2. 运动试验

通常,在制定运动处方时,会以运动试验的结果为依据,同时,这也可以作为评定锻炼者心脏功能的重要指标。需要注意的是,在选择运动试验方法时,要充分参考检查的目的和被检查者的具体情况。运动试验是有一定的适用范围的,主要有以下几点功能。

(1)为制定健身处方提供依据,提高健身处方实施中的安全性。

(2)评定体力活动能力。

(3)评定心脏的功能状况。

(4)冠心病的早期诊断,及评定冠心病的严重程度及心瓣膜疾病的功能。

(5)运动试验可用于发现运动诱发的心律失常,其检出率比安静时的检查高16倍。

(6)运动试验的重复性较好,可用来作为康复治疗效果的评定指标。

目前,运动试验所采用的方法主要为逐级递增运动负荷。在实际的测定时,用到的实验工具和设备主要有跑台和功率自行车。

3. 体质测试

在制定运动处方时,还要参照体质测试的结果,同时,体质测试的结果也是选择运动项目、运动强度、运动密度的重要依据。

通常,体质测试包括的内容主要有:运动系统测试、心血管系统测试、呼吸系统测试和有氧耐力测试。

在上述几个步骤之后,就能够对受试者的健康状况、体力水平和运动能力等有一个全面的了解,在制定运动处方时保证其科学性、系统性和针对性。

第二节 青少年健身运动处方的设计与应用

一、青少年健身跑运动处方

健身跑本身是一个应用广泛,且健身价值显著的健身运动,其具有持续时间长、速度慢、距离较长的显著特点,且技术简单、容易掌握,不受场地、器材限制,是适合青少年健身运动的最佳选择。

(一)青少年健身跑运动处方的内容

运动目的:强身健体,同时,对青少年的有氧耐力、心肺功能以及力量速度都有积极的影响。

运动方式:健身跑台跑、徒手力量练习。

运动频度:2～3次/周(隔天休息)。

运动时间:30～40分钟/次。

运动强度:以心率、脉搏调控运动强度时,运动时最高心率要控制在[220－年龄(岁)×0.7]次/分。

运动内容:

(1)首先,以低强度进行慢跑5分钟,在慢跑时或结束时,可以做一些头关节部位的轻微活动,使身体的颈、肩、腰、髋、膝等各个关节都得到热身。

(2)然后要进行20分钟的低强度慢跑与强度稍大的快跑轮换练习,一般地,可以慢跑4分钟,接快跑50秒,轮换进行。

(3)运动结束时,要进行5分钟的放松慢走,在放松慢走时或结束时做一些头颈、肩、腰、髋、膝等关节部位的活动。

(二)青少年健身跑的注意事项

(1)青少年在进行健身跑时,要将跑台速度调整好,保证姿势、动作的正确性;如感到吃力,可缩短快跑时间;跑完后进行深呼吸,呼吸均匀后再进行力量练习。

(2)在身体不适或出现感冒、发烧等症状的情况下,是不适合运动的,要暂时停止,待身体康复后再进行。

(3)在进行健身跑运动锻炼时,要以自己的感觉(轻松或吃力)为依据,来对运动强度进行适当调整,从而保证在锻炼后的第二天没有明显的疲劳感。

(4)锻炼环境对于健身跑有很大影响,严寒、酷暑、风暴等恶劣环境都是不适合进行运动锻炼的。

(5)锻炼前后应注意适宜补液,尤其是在天气炎热的夏天。

(6)根据能量平衡和膳食平衡的原则,做好饮食的调节。

二、青少年游泳健身运动处方

游泳能够有效锻炼身体,是一项具有锻炼全面性功能的项目。经常进行游泳健身锻炼,能够使青少年的身体形态得到改善,达到健身健美的作用。游泳运动对于不同性别、不同年龄的人群都是适宜的,但一定要做好相应的保护措施。

(一)青少年游泳健身运动处方的内容

运动目的:使心脏和肺的功能得到增强,体形得到改善。

运动方式:各种形式的游泳。

运动强度:以中等运动强度为宜。运动心率控制在:[220-年龄-11]次/分钟。水中的最大心率要比陆上锻炼的最大心率平均低11次/分钟,因此水中的目标心率应该每分钟低7~11次/分钟。

第八章　健康体适能促进大学生体力活动的运动处方设计与应用

运动内容：(表 8-1)。

表 8-1　游泳运动处方的内容

周次	距离（米）	时间（分、秒）	每周次数	每周得分
1	90	2'30"	5	7
2	130	3'00"	5	6
3	180	4'00"	5	7.5
4	220	5'30"	5	10
5	220	5'00"	5	10
6	270	6'00"	5	12.5

(二)青少年游泳健身的注意事项

(1)在下水游泳之前，要先做好充分的热身准备活动，时间持续 5~10 分钟即可，采用的热身方式主要有呼吸、扩胸、弯腰、伸展关节、按压小腿等。

(2)在游泳初期，一定要采取一些安全措施，在教练员的指导下，慢慢学习，最终掌握各种游泳技能。

三、青少年柔韧素质发展运动处方

(一)青少年柔韧素质发展运动处方的内容

运动目的：使青少年机体的柔韧性及协调性得到发展和提升。
运动种类：动力拉伸、静力拉伸等。
训练方法：
(1)慢跑 20 分钟。
(2)立位体前屈。
(3)弓步压腿。
(4)上体前屈压肩。
(5)纵叉。
(6)横叉。

（7）2×50米，慢速跑。上体前倾，一只手触地，加速跑10～15米。

（8）50米，抬膝，向上踢腿，双腿交替进行，来回慢跑。

运动时间：下午或晚上。30～50分钟/次。

运动频率：3～4次/周。

(二)青少年柔韧素质发展注意事项

（1）青少年进行柔韧素质练习，采用的运动方式主要应为"缓慢式"和"主动"活动，快速拉伸练习不宜多用。

（2）柔韧素质练习前要进行充分的热身运动。

（3）避免运动损伤的发生。

四、青少年力量素质发展运动处方

(一)青少年力量素质发展运动处方的内容

运动目的：使青少年的肌肉体积增大，肌肉内协调性有所增强。

运动种类：举重等抗阻训练。

训练方法：金字塔训练法，即随着负荷的递增，逐渐减少重复次数。开始负荷轻，次数组数多，类似塔基；最后负荷重，只能重复一次，类似塔尖。开始负荷为最大负荷的70%，做4组，每组4次；递增负荷至80%，做3组，每组3次；递增负荷至90%，做2组，每组2次；100%负荷做1组，每组1次。[①]

运动时间：40～45分钟/次。

运动频度：2～3次/周。

(二)青少年力量素质发展的注意事项

（1）开始锻炼时，要适用较低的负荷，组数也不能太多。

（2）举重时，切忌憋气，否则会造成血压和心脏的负担急剧

[①] 关辉.体育运动处方及应用[M].北京：北京师范大学出版社，2010：45.

增加,限制血液回流到心脏,严重者还会造成腹压增大,形成疝气。

(3)举起重物时呼气,放下重物时吸气。

(4)要对主要肌群进行交替训练。在一次训练课中,各组训练之间的休息时间要充分。

(5)锻炼之前要做好充分的准备活动,主要进行一些伸展活动;训练后则要做好整理活动,伸展活动也是理想选择。

五、青少年提高心肺功能运动处方

通常对于人体来说,心肺功能好,精力和体力也会很好,工作效率会大大提升,不易产生疲劳,睡眠质量也会因此而改善。

(一)青少年提高心肺功能运动处方的内容

1. 运动处方的基本构成

首先,青少年要对自己的心肺功能状况和健康状况有所了解,在此基础上,再制定相应的运动处方。锻炼处方中每次锻炼都应包括准备活动、锻炼模式和整理活动三个主要组成部分。

(1)1~3分钟轻松的健身操(或类似的活动)练习。

(2)1~3分钟的步行,心率控制在高于平时20~30次/分钟。

(3)2~4分钟的拉伸练习(可任意选择)。

(4)1~5分钟的慢跑并逐渐加速。

2. 运动方式

通常来说,只要是有大肌群参与的慢节奏的运动都可以作为提高青少年心肺功能的锻炼方式,比如主要的有步行、慢跑、骑自行车和游泳等。在选择和确定运动方式和项目时,要以自己的喜好、安全性和可行性为依据来进行。

3. 运动频率

要想达到增强心肺功能的效果,一周进行 2 次锻炼就可以,锻炼 3～5 次就可使心肺功能达到最大适应水平,一周的锻炼次数不要超过 5 次,否则会适得其反。

4. 运动强度

能够有效增强青少年心肺功能是运动强度为接近 50% 的最大摄氧量时,目前,50%～85% 的最大摄氧量是较为理想的运动强度。

5. 持续时间

能使青少年心肺功能得到提升的最有效的锻炼时间为 40～60 分钟/次。这一锻炼时间并不是固定的,具体要根据体质的不同来对其运动时间和强度进行区别。

(二)青少年提高心肺功能的整理活动

在整个运动处方的运动锻炼结束之后,都要进行一定的整理活动。通过整理活动,能够达到促进血液回流至心脏,避免血液过多分布于上肢和下肢而造成头晕和瘀血的目的。除此之外,通过整理活动,还可以减轻剧烈运动后的肌肉酸痛和心率失常。

一般地,整理活动都是正式锻炼完成后的 5 分钟的小强度恢复性练习。比如,步行、慢跑和一些柔韧性练习和拉伸练习都是理想的活动内容。

六、青少年耐力素质发展的运动处方

(一)青少年耐力素质发展运动处方的内容

1. 运动目的

增强心泵功能,提高有氧耐力。

2. 运动内容及手段

（1）耐久跑：变速跑1 000米（200米慢跑+200米快跑反复交替），或定时跑6～8分钟。

（2）专门性练习：哑铃摆臂30秒～1分钟为一组，练3组；在沙坑进行两脚交换跳，1分钟为一组，练3组。

（3）柔韧性练习：四肢和躯干进行牵拉，如，压腿、立位体前屈等。

3. 运动负荷

（1）运动强度：心率控制在130～150次/分钟。

（2）每次锻炼持续时间：30～50分钟，其中心率达到上述标准应保持10分钟。

（3）每周锻炼次数：每周4次，锻炼可在下午课后进行。

（二）青少年耐力素质发展的注意事项

（1）锻炼不可时断时续，要循序渐进。

（2）如果身体状况出现异常，运动时有胸闷、头晕等现象，应暂停体育锻炼。

七、青少年健美的运动处方

（一）青少年健美运动处方的内容

1. 颈部健美

仰卧颈屈伸：仰卧在床或长条凳上，头部置于床或凳顶端外，颈部肌肉放松，后仰下垂，头向前上方运动至下颌触胸，停片刻，再慢慢还原。抬头时，背部紧贴凳面；还原时，头部必须很缓慢地下降，切勿突然松颈。每周2～3次，每次3～5组，每组重复10～15次。

耸肩运动：直立，两臂直握哑铃或重物，然后两肩尽可能往上提起，两肩提至不能再高时，还原重做。每周3～5次，每次3组，每组12～16次。

2. 肩部健美

哑铃举：站立，两脚与肩同宽，双手持哑铃垂直向上举或侧平举，每周3～5次，每次5组，每组15～20次。随练习时间的延长，次数应不断增加。

哑铃绕环：身体直立，双手持哑铃，做直臂大回环动作，双手由前向后做15次，再由后向前做15次。右手由前向后。左手由后向前同时绕15次，随着臂力的增强可逐步增加绕的次数。每周3次，每次5组。

3. 胸部健美

仰卧推举：仰卧在长凳或专用卧举凳上，两脚踏在地上，两手握杠铃，两臂伸直将杠铃举到胸部上面，然后屈臂，平稳而有控制地使杠铃下降，让杠铃下落触到胸部后再用力上推杠铃，反复练习。每周2次以上，每次3～5组，每组8～12次。

仰卧飞鸟：两手握哑铃置于胸前，然后仰卧在凳上，两臂伸直与身体垂直。两腿分开，脚踏地面，随即两臂缓缓向侧下分开直至肘部低于体侧，这时胸部要高高挺起，腰部离凳，仅肩背部和臀部着凳，然后胸大肌用力收缩，将微屈而分开的两臂内收，至胸上伸直，稍休息，再将哑铃经原路举至仰卧直臂持哑铃的准备姿势。向下侧分两臂时，肘部要微屈并低于体侧，这样能有效刺激胸大肌。两臂内收时吸气，两臂伸直时呼气，每周2～3次。每次3～4组，每组10～15次。

4. 背部健美

引体向上：正握杠，两臂和身体充分舒展，平稳用力将身体拉引向上，身体拉引得越高越好，并且练习次数逐渐增加。每周

2次,每次3组,每组5～20次。

俯卧两头起:俯卧在床或垫子上,两臂向上伸直,腰背肌发力,同时抬头挺胸,两腿伸直用力后伸,以腹部着地形成身体弓形,然后还原成俯卧姿势,反复再做。每周3次,每次4组,每组12～18次。

5.臂部健美

直体双臂胸前弯举:身体直立,两臂持杠铃下垂,握距同肩宽,然后屈臂将杠铃弯举至胸前,再慢慢还原连续做。做动作前一定要伸直两臂。身体不要前后摆动,用力前吸气,放下时呼气。每周3次,每次5组,每组10～30次。

小臂肌肉健美法:站立,两臂自然下垂,然后屈小臂,使小臂与大臂成直角,掌心向下,五指张开,然后用力握拳。反复做25～30次。

6.腰腹部健美

仰卧起坐:仰卧在凳子或床上,双手抱头或负重物快速收腹起坐之后慢慢恢复仰卧姿势,连续做。每周2～3次,每次3～5组。每组30～40次。

仰卧起坐并转体:双手抱头平仰在床上,上体迅速抬起,并向左(或右)转体,用右肘关节触前屈的左膝,然后慢慢躺下,第二次则向右转体,用左肘触前屈的右膝,如此反复做。每周2～3次,每次5组,每组3～5次。

7.腿部健美

负重深蹲:直立,两脚开立与肩宽,肩上骑人或两手提握杠铃放在两肩上,然后屈膝下蹲,要充分弯曲使大腿贴着小腿。再伸膝还原站立,连续做。每周2次,每次3～5组,每组8～16次,做时应有人近前保护。

负重提踵:肩负杠铃或负沙袋等重物,两脚稍分开,两脚后跟用力充分踮起,稍停再慢慢还原,主要练习小腿三头肌。每周2次,每次4组,每组15~20次。[①]

(二)青少年健美运动处方的运动量和运动强度

(1)青少年根据自身的薄弱部位进行针对性练习,待局部肌肉有明显效果后再将练习组合起来做。

(2)在选择好练习方法之后,不要轻易改动,应该将选择的练习动作、次数、组数稳定两周后,再进行适当的调整和变换。

(3)健美锻炼的量要以青少年锻炼后的身体变化和反应为依据来进行适当调节,并随着健美锻炼水平的不断提高而变化。

八、矫正身体形态发展不平衡的运动处方

(一)"O"形腿

(1)两脚开立,双手扶膝关节外侧,体前屈,屈膝半蹲,双手用力向内侧推压膝部。两膝尽量内扣,然后慢慢还原,做10~15次。

(2)用绳子将膝部绑紧(松紧度要适当),两脚并拢,连续向上纵跳,两臂屈臂摆动,做20~25次。

(3)左侧卧,左手撑地,右腿后屈,右手握右踝,往臀部拉回,然后右翻身成仰卧,右膝弯曲压在体侧,并靠近左腿,两臂侧举,换左腿做。

(4)小腿外侧翻,平踢毽子或小沙袋。

(5)两膝间夹一物体,向前走路,物体可由厚向薄逐渐改变。

(二)"X"形腿

(1)坐在椅子上,两手后撑,足踝处夹一物体(可由厚到薄),两膝并拢,然后直腿上举至水平,再下落,做15~20次,共3组。

[①] 关辉.体育运动处方及应用[M].北京:北京师范大学出版社,2010:106.

（2）两腿屈膝坐地，膝外开，脚掌相对，两臂弯曲，两手扶在膝关节内侧，用力下压膝关节至最大限度，保持2秒再还原。

（3）直腿坐，两手体后撑地，两膝间夹一软物（如小皮球），用橡皮筋将踝关节捆住，练习5分钟。要求小腿用力夹物体。

（4）小腿向内侧踢毽子，两腿交替进行。

（三）扁平足

（1）足尖、足跟走，足底内侧、外缘着地走，也可手持重物或哑铃进行，每种姿势练习1~2分钟，交替进行。

（2）踮足尖跳绳，连续跳2分钟，共3组。

（3）两腿伸直坐在椅子上，做脚的伸、屈、内翻、外翻脚尖等动作。

（4）坐位，双脚横向踩在一根体操棒上，用足底滚动体操棒或两脚在体操棒上纵向行走，做1~2分钟。

（5）用足滚动实心球或站在实心球上进行平衡练习。

（6）下蹲，用力抬起脚跟至足底稍感疲劳为止。

第三节　治疗性运动处方的设计与应用

一、外科疾病的康复运动处方

（一）颈椎病的康复运动处方

颈椎病也被称为颈椎综合征，是颈椎骨关节炎、增生性颈椎炎、颈神经根综合征、颈椎间盘脱出症的总称，这种疾病的基础为退行性病理。一般的，颈椎病发病率较高的人群为低头伏案工作的人群。近年来，颈椎病发病率不断上升，发病年龄也出现了年轻化趋势。

1. 运动目的

（1）加快血液循环，改善颈椎的营养供应以及颈椎椎间关节功能，增强肌肉、韧带、关节囊等的紧张力以及颈椎的稳定性。

（2）在运动的促进下，神经系统会下达相关指令，从而使其调节功能得到改善。

（3）有效改善器官系统的功能和新陈代谢功能，从而增强药物的吸收，改善治疗效果和药效。

（4）改善病人的心肺功能。

（5）矫正不良的身体姿势。

2. 运动种类

通常，为了有效促进颈椎病患者康复，会将其整个康复锻炼的时期分为3个阶段，按照不同阶段的特点来采用相应的运动方法进行锻炼康复。

第1阶段：是指从康复锻炼开始3个月内。这一阶段主要通过伸展运动来进行锻炼，颈部伸展为主，有氧运动为辅。

第2阶段：是指康复锻炼3个月后直到完全康复。颈椎病人在这一阶段所用到的运动方法主要为伸展运动和有氧运动结合，首先要保持伸展运动，与此同时，逐渐增加有氧运动的内容。

第3阶段：是指完全康复后。这一阶段主要通过伸展、有氧和力量相结合的方法进行康复锻炼，以此来增强患者的体质和抵抗疾病侵入的能力。

3. 运动强度

颈椎病人运动处方在运动强度的控制上，通常要根据心率来进行。一般地，男生心率（次/分钟）= 220 − 0.7 × 年龄；女性心率（次/分钟）= 220 − 0.8 × 年龄。颈椎病人康复期的运动心率通常为最大心率的60%～85%。

第八章 健康体适能促进大学生体力活动的运动处方设计与应用

4. 运动时间

在确定运动时间时,要根据病人的身体情况来定,通常都是由短到长逐渐增加的。每次运动的时间控制在 40～60 分钟,其中准备活动和整理活动也在这一时间内。

5. 运动频率

颈椎病人每周锻炼 3～5 次为宜,超出这个范围可能会适得其反。

6. 注意事项

(1)有些患者是不能通过运动来进行康复的,比如,急性发作期内的颈椎病人,以及有颈椎化脓性病变、颈椎结核、恶性肿瘤等病症的病人。

(2)在应用该运动处方时,一定要保证其科学性,因此要求在医生的同意和监督之下进行。除此之外,遵循循序渐进和持之以恒的原则,对于运动锻炼效果也是有帮助的。

(3)通过心率和自我感觉来对运动量、运动强度和运动的持续时间进行有效控制。

(4)运动前后,一定要做好颈部的准备和整理活动,其中,按摩是最常用的方式之一。

(二)半月板损伤病人的康复运动处方

半月板损伤的发生通常是由扭转外力导致的。半月板损伤的恢复难度比较大,因此,运动锻炼的复杂程度也较高。

1. 运动目的

(1)增强膝关节周围的血液循环能力以及周边软组织的循环功能,从而有效促进损伤的半月板尽快修复。

(2)通过合理的引诱性旋膝活动,来有效刺激膝关节,从而对膝关节的旋转运动形成适应性。

（3）有效加强血液的循环，进而达到改善关节囊软组织，增强循环量的目的，这对于丰富半月板营养，增加滑液分泌，滋润半月板中间，增强灵活性是有帮助的。

2. 运动种类

能够对半月板损伤的恢复起到积极的促进作用的运动种类有很多，其中，比较常见的有变速走、旋膝、支撑摆腿、股四头肌肌力锻炼等几种。

3. 运动强度

在进行半月板损伤的恢复锻炼时，采用的运动强度不宜太大，以中小强度为宜，运动后，如果出现膝关节和下肢肌肉无紧张感，这是理想的状态，要增加运动强度，则要以不引起运动结束后膝关节的疼痛为标准。

4. 运动时间

一般地，半月板损伤的恢复锻炼时间，每次控制在 40～60 分钟之间较为适宜，另外，不低于 10 分钟的准备活动以及不低于 10 分钟的整理活动的时间是不算在内的。

5. 运动频率

所采取的运动方法的运动量相对较小，因此在运动频率上可以控制在所有动作每天进行 1 次或一天中分 2 次完成。

6. 注意事项

（1）由于半月板损伤的运动强度相对比较小，因此，在确定运动强度时，一定要按照医生或医护人员的建议来进行，从而保证半月板的恢复效果。

（2）对于合并肌肉拉伤、侧副韧带和后十字韧带损伤者来说，要有效控制动作幅度,不要偏离最大活动范围,避免再伤的情况发生。

二、心血管系统疾病的康复运动处方

(一)高血压病患者的康复运动处方

高血压作为一种慢性疾病,发病的主要原因是动脉血管硬化以及血管运动中枢调节异常。遗传和环境都是高血压的致病原因。目前,高血压病人的数量逐渐增加,要降低高血压的发病率,方法有很多种,而有效的运动锻炼则是理想选择。

1. 运动目的

(1)对大脑皮质的兴奋与抑制转化过程起到促进作用,使对心血管反应的调节功能得到改善,稳定血压变化,使血压骤然上升的现象得到有效避免。

(2)使血液黏滞性降低,提高血液流变性,改善微循环,从而达到降低血压,尤其降低舒张压的作用。

(3)使患者的身体素质得到增强,抵抗高血压疾病的能力也得到有效的提高。

2. 运动种类

适合高血压病康复锻炼采用的运动方法有很多,其中,较为理想的选择应该是全身参与、有节奏、容易放松身心,易于监测的有氧运动,其中,典型的运动项目有步行、慢跑、游泳、跳舞、降压体操、太极拳和气功等。另外,高血压患者也可以将自己的运动喜好告知医生,选择医生允许的运动项目进行锻炼。

3. 运动强度

一般情况下,最大心率的50%~70%可以作为高血压患者的理想运动强度。具体要根据不同时期的高血压病患者的症状来选择相应的运动强度。

4. 运动时间

高血压患者的运动时间不宜过长,包含运动前的5~10分钟准备活动和运动结束后5~10分钟的整理活动在内,总的运动时间控制在40~60分钟为宜。具体要以患者的实际情况来进行调整。通常,对于身体比较虚弱,或者没有运动经验的患者来说,运动时间可以适当减少,随着病情的好转和身体素质的提升,运动时间可以逐渐加长。

5. 运动频率

在选择运动频率时,一般每周3~5次是比较适宜的,但这也不是统一的,具体要以高血压患者个人病情及对运动的反应和适应程度为标准来进行相应调整。

6. 注意事项

(1)对于高血压患者来说,并不是所有的患者都能通过运动锻炼来进行康复的。比如,急进性高血压、重症高血压及某些合并其他严重并发症等病情不稳定的高血压患者,都是不能进行康复运动的,具体要根据医生的建议来进行。

(2)对于能够进行康复运动的高血压患者来说,其在运动过程中,一定要时刻关注自我感觉,有任何不适的感觉都要立即停止运动,观察病情的发展状况。另外,清晨和晚间是不宜进行康复运动的。

(3)要将康复运动疗法与药物治疗有机结合起来使用。

(二)心脏病患者的康复运动处方

心脏病,就是心脏本身及其瓣膜疾病的统称,这一疾病对人们的生活质量、工作能力以及人体健康产生严重威胁。

运动疗法对于心脏病患者也是适用的,但一定要保证运动疗

第八章　健康体适能促进大学生体力活动的运动处方设计与应用

法是科学的、合理的,并且能够在医生的指导下进行,这样,往往能够起到提高骨骼肌的血液灌流和摄氧能力、人体血管调节能力,改善冠状动脉供血及心肌的氧合作用,从而使心脏功能得到有效恢复,改善患者生活质量,也使他们的工作能力有所提高。

1. 运动目的

提高心脏功能水平,改变疾病的自然进程,降低发病率和死亡率,提高生存质量。

2. 运动种类

一般地,心脏病康复治疗程序分为急性阶段、恢复阶段以及社区康复阶段,不同阶段要采用不同的运动方式。

(1)急性(住院)阶段采取的运动方式

①缓慢步行,每次运动时间控制在 5 ~ 10 分钟。主观体力感觉(RPE)<12,以间歇运动为主。

②简单体操:比较常见的有上肢活动、下肢活动、转体运动等形式,在运动锻炼时,一定要对运动的速度和幅度加以注意。

③慢速上下楼梯:开始阶段每次的运动时间控制在 5 ~ 10 分钟即可,适应后每次时间逐渐延长。

(2)恢复(门诊)阶段采取的运动方式

①步行:自由步行或在活动平板上步行,速度 80 ~ 100 米/分钟,距离逐渐增加至 2 000 ~ 3 000 米。

②走跑交替:步行 1 分钟与慢跑 0.5 分钟交替进行 20 次,总时间 30 分钟,走速约为 50 米/分钟,跑速约为 100 米/分钟。

③慢跑:速度约 100 米/分钟,距离逐渐增至 1 000 ~ 2 000 米,总时间 15 ~ 20 分钟。

④骑自行车:应用功率自行车在室内锻炼,运动强度(功率)为 450 ~ 470 千克·米/分钟,持续 15 分钟。

(3)社区(家庭)康复阶段采取的运动方式

在社区(家庭)康复阶段,适宜采用的运动方式主要有慢走、下蹲起立、斜俯卧撑、仰卧收腿、健身跑、慢走等几种。

①慢走：每次 10 分钟左右，速度由慢逐渐加快，自我感觉良好。

②下蹲起立：扶墙（或其他物体）下蹲、起立，每组 10 次，共 3 组。

③斜俯卧撑：双手撑在一定高度的物体上做俯卧撑，每组 10 次，共 3 组。

④仰卧收腿：仰卧，双手置于体侧，屈膝向胸腹部收腿、伸腿，每组 10 次，共 3 组。

⑤健身跑：每次 5 分钟，速度控制在自我感觉有点累的水平，心率控制在 THR 范围内。

3. 运动强度

通常，会借助于心率和自我感觉来对运动强度进行检测。一般地，对于心脏病患者来说，开始锻炼时的心率控制在 110～120 次／分钟是比较适宜的，随着身体机能水平提高，心率可以逐渐提高到 125～135 次／分钟。但是，不管采取的运动强度如何，都要保证自身在运动中及运动后无身体不适的感觉。

4. 运动时间

在保证较低的运动强度的情况下，要结合实际情况，来使运动时间适当延长，但是，如果是刚开始锻炼的心脏病患者，运动时间最好控制在 30 分钟以内，锻炼一段时间后，可以逐渐增加运动时间，以 30～60 分钟为宜。

5. 运动频率

心脏病人康复运动要以病人身体状况及恢复情况为依据，隔天或每天进行一次都可以。

6. 注意事项

（1）在心脏病康复运动锻炼过程中，要将运动疗法与药物治疗有机结合起来进行,并且听从医生的指导,避免意外的出现。

(2)要保证运动锻炼的科学性,运动量要控制好,并且在增加时要遵循循序渐进的原则。

(3)如果心脏病患者在运动锻炼过程中出现任何不适,都要立即停止运动,并进行治疗。

(4)要加强医务监督,确定运动处方对于心脏病患者来说是否适用,对患者进行定期的身体检查,从而为运动处方的调整提供依据。

三、呼吸系统疾病的康复运动处方

(一)哮喘、慢性支气管炎病人的康复运动处方

哮喘、慢性支气管炎是呼吸系统的常见疾病,一般的症状为咳嗽、咳痰或伴有喘息及反复慢性发作等。该疾病的致病原因主要为:细菌感染、刺激性烟雾、粉尘、大气污染、寒冷刺激、花粉过敏等。

1. 运动目的

(1)促进有效呼吸的建立。通过腹式呼吸,能使呼吸效率大大提高,肺活量会有所增大,起到的通畅性也会有所改善。

(2)调整呼吸功能,使其得到改善。

(3)使身体素质得到全面的增强。

2. 运动种类

(1)呼吸练习

由于哮喘、慢性支气管炎患者的呼吸机能出现问题,因此,要进行康复运动锻炼,首先要对其不合理的呼吸方式进行纠正,使患者逐步恢复平静的腹式呼吸。这样能够使呼吸状态得到有效的改善。具体的呼吸方式有腹式呼吸、半桥式呼吸以及延长呼吸。

腹式呼吸:呼吸时注意力集中于横膈。分腿直立,左右手相

叠置于小腹部。放松全身肌群,用鼻慢慢吸气,横膈下沉,腹壁相应隆起,用手感觉这种起伏,并适当加压于腹部;用口徐徐呼气,呼至腹部瘪进为止。呼气时横膈上升,肺容量增大,腹壁也随之下陷,并有意识地再把腹肌收缩一下,以增加腹压,使膈肌更为上升。一吸一呼为一次,10次为一节。

(2)呼吸体操

掌握腹式呼吸方法之后,就可以在此基础上,结合患者的实际情况,来适当增加一些肢体伸展动作和一定的外力,从而改善患者的呼吸功能。下面的呼吸体操效果显著,一般地,呼吸操中各节动作可重复做4~8次。

第一节腹式呼吸:坐凳上,两脚分开同肩宽,两手放于大腿上。口呼气,慢慢收腹;鼻吸气,缓缓鼓腹。

第二节侧屈运动:坐位,两手叉腰,拇指向后。躯干向左侧弯,左臂下垂,右肩耸起,呼气;还原时吸气。两侧轮流,方向相反。

第三节压胸运动:坐位,两臂屈曲于胸前交叉,上臂和肘部贴近胸廓。呼气时低头弯腰,两臂自然挤压胸部;吸气时缓缓挺腰,还原到预备姿势。

第四节转体运动:坐位,两手叉腰,拇指向后。向左转体,右掌向左前侧推出,呼气;还原到预备姿势,吸气。两侧轮流,方向相反。

第五节压腹呼吸:坐位,两手抵腹部前侧方,拇指向后。呼气时低头弯腰,两肘前摆,两手自然按压腹部;还原到预备姿势,吸气。

第六节转体弯腰:坐位,两腿伸直分开,后跟着地,两臂侧平举。弯腰同时向左转体,以右手触左脚,呼气;还原时吸气。两侧轮流,方向相反。

第七节折体呼吸:坐位,两臂半屈,抬起与肩平,稍挺胸。呼气并弯腰低头,至胸部贴近大腿,以两臂环抱大腿;吸气,慢慢还原到预备姿势。

第八章 健康体适能促进大学生体力活动的运动处方设计与应用

第八节抬腿运动：坐凳子前沿，两下肢伸直，两手撑椅子边缘，体稍后仰。左腿尽量抬高，吸气；呼气时放下。两腿轮流。

第九节抱膝呼吸：坐位，两臂半屈，抬起与肩平。左腿屈曲提起，两手抱小腿中下段，使膝贴近胸部，呼气；还原时吸气。两侧轮流。

第十节整理运动：放松站立，两手腹前交叉，腰部放松。两臂腹前交叉上举，抬头看手，吸气；两臂左右分开，体侧划弧，还原到预备姿势，呼气。①

（3）步行

对于年老体弱者和哮喘、慢性支气管炎病人来说，步行作为一种简便易行、动作缓和、强度相对较小而有效的运动康复手段，用于急性期后的有氧康复锻炼是较为适宜的。

慢步行走、走跑交替，是康复哮喘、慢性支气管炎患者所用到的主要的步行形式，这里重点对走跑交替（表8-2）进行详细介绍。

表8-2　1~8周走跑交替的运动处方

周次	运动形式	每周次数	每次运动时间（分钟）
1~2	走40秒，跑20秒	3	20~30
3~4	走30秒，跑30秒	3	20~30
5~6	走20秒，跑40秒	3	20
7~8	走10秒，跑50秒	3	20

走跑交替是从步行逐渐向慢跑过渡的运动形式。

3. 运动强度

步行时步速50~60米/分钟，以不引起气短、气急等症状为宜，运动中心率可在90次/分钟左右。

走跑交替以中速步行和慢跑交替的方式运动。步行速度为90~120米/分钟，慢跑速度控制在100~120米/分钟。

适宜运动心率应在90~140次/分钟，不同体力及年龄阶

---

① 关辉.体育运动处方及应用[M].北京：北京师范大学出版社，2010：145.

段的锻炼者可根据自身的具体情况在此心率范围自行选择。

4. 运动时间

要灵活掌握和调整呼吸练习、呼吸体操及气功的锻炼时间,一般每天持续 30~60 分钟,可分次进行。

另外,步行和走跑交替的运动时间也要加以控制,最好控制在 20~30 分钟。

5. 运动频率

呼吸练习、呼吸体操及气功以每天 1 次或早晚各 1 次较为适宜,也可根据情况随时练习;步行和走跑交替可以每天或隔天 1 次。

6. 注意事项

(1) 患者一定要在医生的指导下进行康复运动治疗,尤其是处于疾病的急性期,运动量一定要控制好,不宜太大,运动锻炼的环境也要选择好,避免病情加重。

(2) 要将运动疗法与药物治疗有机结合起来进行,效果会更加显著。

(3) 遵循循序渐进、持之以恒的原则进行康复运动治疗,运动量和运动强度的增加要逐渐进行。

(4) 如果在运动过程中哮喘发作或发生不良反应要立即停止运动,同时调整运动量或者进行相应治疗。

(5) 尽量不要在寒冷而干燥的天气下进行运动锻炼,避免哮喘的诱发或加重。

(二) 肺结核病人的康复运动处方

肺结核是一种慢性、缓发的传染病,绝大部分的患者是由呼吸道感染肺部引起的。通常,可以将肺结核分为两种:一种是原发性的,一种是继发性的。

第八章　健康体适能促进大学生体力活动的运动处方设计与应用

1. 运动目的

使肺功能得到改善,抗病能力增加,对疾病的进一步发展起到良好的控制作用。同时,使患者的体质有所增强,为恢复健康创造有利条件。

2. 运动种类

（1）保健体操

简单的保健体操是肺结核患者理想的康复运动之一,一开始应先做几节动作简单的广播体操,动作幅度要适当小一些;然后再逐渐过渡到全套动作,但是每节重复的次数要减半(只做两个八拍),从而保证康复运动锻炼的治疗效果。

（2）散步

散步也是肺结核患者的理想康复运动锻炼项目,先在平坦的道路上散步,速度由慢到快,时间也随着运动逐渐延长。

（3）太极拳

打太极拳时应先练习二十四式简化太极拳,一开始只学半套,逐渐过渡到全套。

3. 运动强度

以中小强度为宜,开始锻炼时,主要进行保健体操、太极拳的锻炼,并通过控制动作多少和重复次数来对运动强度进行相应的控制;散步可以由 1~2 千米/小时过渡到 3~4 千米/小时。

4. 运动时间

每次运动时间不宜过长,以 20~40 分钟为宜,根据锻炼的时间来逐渐延长运动时间。

5. 运动频率

保健体操、太极拳的运动频率以每天 1 次或每天 2 次为宜,但总的运动量要加以控制,不可太大;散步的运动频率为,开始阶段可以每天1次或隔天1次,可逐渐过渡到每天1次或2次。

6. 注意事项

(1)并不是所有的肺结核患者都适合通过运动锻炼来达到康复治疗效果的,因此,患者要参照医生的建议,并在医生的指导下进行康复运动锻炼。

(2)长时间耐力性运动适合肺结核病人。

(3)肺结核病人不要做深呼吸运动,特别是在病情尚不稳定时期,从而使咳嗽和胸痛的情况得到避免。

四、消化系统疾病的康复运动处方

(一)消化性溃疡患者的康复运动处方

慢性消化性溃疡病的产生与胃酸及蛋白酶的消化作用关系密切。由于溃疡主要发生在胃和十二指肠,因此,也往往被称为胃、十二指肠溃疡病。

1. 运动目的

(1)使消化性溃疡患者的大脑皮层对胃肠的调节功能以及胃肠道的吸收与分泌功能都得到改善,同时,还能起到加强腹肌和膈肌的运动,刺激胃肠蠕动,反射性地提高中枢神经系统功能的效果。

(2)能有效改善腹腔内的血液供给,增强免疫功能,消炎止痛,从而提高患者的胃黏膜抵抗力,促进溃疡的有效愈合。

2. 运动种类

适合消化性溃疡患者的康复运动种类主要有推拿疗法、慢跑、散步、行走、太极拳、气功和医疗体操等。

第八章　健康体适能促进大学生体力活动的运动处方设计与应用

（1）推拿疗法

推拿疗法是有助于消化性溃疡患者的改善与愈合的有效疗法，但是，并不是所有的消化性溃疡患者都能采用这一方法，比如，有出血或穿孔倾向的溃疡是不适合采用推拿疗法的。

比较常用的具体的推拿疗法主要有以下几种。

①推背

患者取俯卧位，按摩者站于患者体侧，用拇指或四指平推背部两侧（沿膀胱经从上推到下腰部），着重推下背部，使背部有发热感。

②推穴位

用拇指推背部两侧脾俞、胃俞穴，或推背部检查时发现的敏感点或敏感区，每次推到使之得气为度。每个穴位或敏感点推1分钟左右。

③揉腹

患者仰卧，先顺时针方向用手掌摩或揉腹部，然后取上、中脘穴，采用指掐或指振法，使之得气。最后，再轻揉腹部。

④得气

最后取四肢穴位，如上肢的合谷、内关、神门穴，下肢的足三里、三阴交等穴，用指掐或指振法，使之得气。

（2）气功

适合消化系统溃疡患者康复治疗的气功主要是内养功，姿势大都采用卧式或坐式，意守入静是治疗的关键。

在全身放松入静的基础上进行意守，通过意守更容易达到入静。意守的部位，意守"丹田"或小腹，也可意守深长的腹式呼吸。呼吸方法，通常采用的呼吸方法有顺呼吸法和逆呼吸法两种，不管采用哪种呼吸方式，都要逐步达到细、匀、深、长、慢的要求。

有一点要强调，对于年老体弱的病人特别是某些高血压、冠心病患者来说，尽量不用这种运动方式，否则，有可能会因为逆呼吸法掌握不好易引起憋气、胸闷、头晕等。

3. 运动强度

对于消化系统溃疡患者来说,中小强度是较为适宜的运动强度,开始锻炼时,适宜采用医疗体操、太极拳和推拿的形式,要控制好运动强度;后面可以进行散步,每分钟60～80米的速度走20～30分钟较为适宜,走完1 500～2 000米。在后面,还可以进行慢跑,每分钟90～100米的速度跑完2 000～3 000米较为适宜,开始可分数次完成,以后一次完成,每日1次。

4. 运动时间

推拿每个部位5～10分钟,总时间控制在50分钟左右,其他项目,每次运动时间控制在20～40分钟,逐渐延长运动时间。

5. 运动频率

保健体操、太极拳可以每天1次或每天2次,但总运动量不能太大;散步和球类运动开始阶段每天1次或隔天1次,锻炼一段时间后,可提高至每天1次或2次。

6. 注意事项

(1)需要将运动疗法与药物和饮食疗法结合起来,但是在用药时药量要适宜,不能随意减量或者加量。

(2)处于活动期或伴有穿孔、出血的溃疡病患者是不适合采用运动疗法的。

(二)慢性胃炎患者的康复运动处方

慢性胃炎,就是指不同病因引起的各种慢性胃粘膜炎性病变,在各种胃病中,慢性胃炎的发病率是最高的。

1. 运动目的

(1)增加能量消耗,促进物质与能量代谢,从而有效增强胃肠蠕动,促进消化液的分泌,增强胃肠的消化吸收功能,同时,患者的腹胀、嗳气、反酸、便秘等症状也会有所减轻或者消除。

(2)由于食欲增加,患者体重也会得到相应的增加,由此,就能达到身体强壮、提高身体素质的目的。

2. 运动种类

(1)散步

散步对于中老年慢性胃炎患者是较为适宜的。

散步时,机体的整个内脏器官都处于微微的颤动状态,加之配合有节奏的呼吸,可使腹部肌肉有节奏地前后收缩,横膈肌上下运动,使肠胃得到有效的按摩,同时有效刺激胃消化液的分泌,促进胃肠的蠕动,从而提高胃肠消化功能。

(2)腹部按摩

仰卧,用右手的掌心在腹部按顺时针方向做绕圈按摩,或者从上腹往下腹缓慢按摩也可以。

通过腹部按摩,能够对胃肠蠕动起到促进作用,胃液的分泌有所增加,这对于食物的消化吸收、腹部胀痛的减轻都是有帮助的。

(3)体转运动

预备:目视前方,两臂下垂,两腿自然开立,同肩宽。

动作:下肢固定不动,上体以腰为轴左右转动。两手半握拳,两臂随上体的转动自然摆动。

3. 运动强度

以中小强度为最佳,要逐渐增加运动强度,切不可盲目增大运动强度。腹部按摩手法由轻至重;步行运动强度控制在 2 ~ 3 千米/小时;体转运动每次做 300 ~ 400 次。

4. 运动时间

每次运动控制在 30 ~ 60 分钟之间,开始时运动时间要短一些,逐渐延长运动时间。

5. 运动频率

散步、太极拳和体转运动至少每天1次,早晚各1次也可以;腹部按摩可每天分时段进行3~4次。

6. 注意事项

(1)慢性胃炎的康复运动锻炼要与药物治疗相结合进行,同时,还要控制饮食、戒烟戒酒。

(2)合理安排运动时间,饭后1~1.5小时之后才能运动,避免因消化不良导致的病情加重。

五、神经系统疾病的康复运动处方

(一)抑郁症患者的康复运动处方

当前,抑郁症已经成为一种常见的精神疾病。情绪低落,兴趣减低,悲观,思维迟缓,缺乏主动性,自责自罪,饮食、睡眠差,担心自己患有各种疾病,感到全身多处不适,严重者会自杀,这些都是抑郁症的主要症状。抑郁症严重困扰着患者的生活和工作。导致抑郁症发生的因素有很多,遗传、体质、中枢神经介质的功能及代谢异常、精神等都可能会导致抑郁症的产生。目前,运动疗法是比较理想的治疗抑郁症的方法之一。

1. 运动目的

(1)提高新陈代谢,疏泄负性心理能量,从而有效避免抑郁症的发作。

(2)增强体质,产生积极的心理感受,通过提高情绪、减轻心理压力来使抑郁症的一系列症状有所减轻和消除。

2. 运动种类

适合抑郁症患者的康复运动疗法有很多,其中,跑步、跳绳、健身操和散步等中低强度的有氧运动是比较常用且效果较好的。

3. 运动强度

中低强度的运动通常是比较适合抑郁症患者康复运动的,如,散步控制在 100 米 / 分钟、跑步 40～60 步 / 分钟、跳绳 30～60 次 / 分钟等。

4. 运动时间

抑郁症患者的运动时间并不统一和固定,而是要以患者个人的实际情况来定的,一般地,每次运动可以控制在 15～45 分钟,随运动处方的施行可以逐渐延长。

5. 运动频率

通常,每周的运动次数为 3 次即可,也可以采取小强度,要持之以恒,坚持天天锻炼。

6. 注意事项

(1) 抑郁症患者在康复运动锻炼过程中,要在医生的指导下积极接受治疗,同时,要将运动治疗与药物治疗和心理疏导相结合,从而保证治疗效果最佳。

(2) 抑郁症患者在饮食方面要加以控制,以高蛋白、高纤维、高热能饮食为主,同时还要适当服食润肠的食物,补充足量的水分,忌食辛、辣、腌、熏类等有刺激性食物。

(3) 平时也要适当作些保护,避免受刺激,受干扰,对于不可避免的刺激,学会进行自我心理的调节,保持好心情。

(二)焦虑症患者的康复运动处方

焦虑症又称焦虑性神经症,是一种具有持久性焦虑、恐惧、紧张情绪和植物神经活动障碍的脑机能失调,常伴有头晕、胸闷、心悸、呼吸困难、口干、尿频、尿急、出汗、震颤和运动性不安等症,其焦虑并非由实际威胁所引起,或其紧张惊恐程度与现实情况很不相称。确切地说,焦虑症患者的焦虑是一种无根据的惊慌和紧张,心理上体验为泛化的、无固定目标的担心惊恐,并且生理上伴有警觉增高的躯体症状。

1. 运动目的

运动可促使建立和增强自信心,消除焦虑的影响,使心情愉快起来;另外通过参与集体项目,使自己处于一个集体,能够改善与他人的人际关系,彻底治疗焦虑症。

2. 运动种类

焦虑症患者可以选择一些自己感兴趣,且较为熟悉,感觉自己能顺利完成且多人参与的运动项目进行运动。感兴趣,可以使锻炼得以坚持;选择自己能完成的项目,能有效地增强其自信心,使心情愉快,减少焦虑;多人参与,可以有效地改善人际关系,消除莫须有的焦虑,从而达到治疗焦虑症的目的。

3. 运动强度

研究表明,中等强度的运动有利于改善患者的焦虑、紧张和疲劳状态。一般来说,中老年人、体弱者心率可控制在 100～120 次/分钟,就会收到较好的锻炼效果。

4. 运动时间

采取中等强度的体育运动,时间一般控制在 20～30 分钟,能产生良好的心理效应。有研究表明,持续运动的时间过长,反而不会产生良好的心理效应。

5. 运动频率

焦虑症患者康复锻炼,一般每周安排 3～5 次锻炼,即可取得最佳的心理效果。对于时间较为充裕的患者,可以每天运动 1 次,但要注意适宜降低运动强度。持之以恒,养成良好的习惯,保持良好的心境,是取得好的治疗效果的关键。

6. 注意事项

(1)增强自信,保持良好的心态。

(2)学会排解焦虑情绪。当出现焦虑时,要学会面对,不要掩饰,要通过转移注意力取代或消除焦虑。

(3)学会自我放松和自我心理暗示。当你感到焦虑不安时,可以运用自我意识放松的方法来进行调节,用自我松弛的方法从紧张情绪中解脱出来。另外,可以通过自我暗示的方法消除焦虑。

六、新陈代谢疾病的康复运动处方

(一)糖尿病患者的康复运动处方

糖尿病,就是以血糖升高为临床特点的代谢内分泌疾病。通常可以将糖尿病分为两种类型:胰岛素绝对缺乏的胰岛素依赖型(Ⅰ型,IDDM);胰岛素相对不足的非胰岛素依赖型(Ⅱ型,NIDDM)。遗传和环境因素都是糖尿病的致病原因。

1. 运动目的

(1)通过康复运动锻炼,能够使糖代谢得到有效的调节,尤其是耐力运动,能有效增强肌细胞的胰岛素受体功能,改善组织与胰岛素的结合能力(亲和性),在胰岛素浓度较低时使血糖代谢保持正常,增加肌肉毛细血管密度,从而使肌细胞与胰岛素及血糖的接触面有所扩大,血糖利用方面也能有所改善。

（2）将康复运动锻炼与严格的饮食控制结合起来，能使脂代谢得到有效改善。

（3）在糖尿病患者的康复运动中，可以通过有氧运动提高体质，增加抵抗疾病的能力。

2. 运动种类

糖尿病患者可以采用的康复运动种类有有氧运动和肌肉力量练习，具体可以根据患者的实际病情和兴趣来加以选择。

（1）有氧运动

有氧运动是糖尿病康复运动锻炼的理想选择之一，步行、慢跑、太极拳、游泳、爬山、自行车等都是典型运动项目。对于病情较轻而稳定的年轻患者来说，可以在开始时采用柔软体操、慢跑等运动方式，使身体适应体力活动，以后再进行中等强度的动力性、周期性运动。

（2）肌肉力量练习

一般地，糖尿病患者肌肉摄取糖原的能力差，容易发生下肢肌肉的萎缩，而通过哑铃、沙袋和拉力器等轻重量器械的肌肉力量练习，能够有效改善这些症状。

3. 运动强度

糖尿病康复疗法的运动强度应该为中小强度，以本人最高心率的50%～60%为宜。

4. 运动时间

一般，餐后1～2小时进行运动是较为合理的，尤其对用降糖药物者应注意防止低血糖。早餐后是运动的最佳时间。

具体的运动时间可根据体力状况控制在30～60分钟之间为宜。

5. 运动频率

每周至少3次为宜，也可以每天运动1次，总的来说，单次运动量不宜过大。

6. 注意事项

（1）要合理安排糖尿病患者的康复运动，同时，与药物治疗和饮食控制相结合，具体的治疗方法要因人因病情而异。

（2）要加强血糖监测，比如，运动前、运动中、运动后血糖的变化规律是怎样的，对检测的结果进行对比，以得出的结果为依据来针对性地调整运动处方。

（3）要保证适量的运动锻炼和体育活动，避免因劳累导致病情加重的情况发生。

（4）一定要在相关专业人员指导下参与运动，防止意外的发生，保证运动的科学性和安全性。

（二）肥胖症患者的康复运动处方

肥胖症，实际上是一种因体内脂肪细胞数量增多、体积增大，脂肪过度堆积并引发以脂类代谢紊乱为主的代谢性疾病。饮食不科学以及运动量少是最主要的两个致病原因。通常，肥胖症的类型有两种：单纯性肥胖和继发性肥胖。适合通过康复运动锻炼来加以治疗的是单纯性肥胖症。

1. 运动目的

（1）肥胖症患者在经过康复运动锻炼后，能够增加能量消耗，加快利用机体多余的脂肪的速度，从而取得理想的治疗肥胖和消除肥胖并发症的效果。

（2）通过康复运动锻炼，能使患者的身体素质增强，从而有效预防和抵抗并发症。

2. 运动种类

对于肥胖症患者来说，以全身参与、长时间的有氧运动为主的运动方式是较为理想的选择，比如，跑步、爬山、骑自行车、游泳、健身操、球类活动等。

另外,还要进行必要的力量训练。

3. 运动强度

以中小强度为主,这种强度的运动所消耗的主要是脂肪,到了运动的中后阶段效果更佳更显著。若用心率来控制运动强度,心率应控制在本人最大心率的60%~70%为宜。

4. 运动时间

一般地,每次运动的持续时间控制在30~60分钟为宜。运动时间的长短对治疗效果有重要影响。

5. 运动频率

通常,每周运动3~5次较为适宜。具体也要参照患者自身的实际情况、病情以及运动能力。

6. 注意事项

(1)肥胖症患者的康复运动锻炼,一定要在医生的指导下进行,在设计和应用运动处方时,也一定要保证其科学性和可行性,严格按照运动处方参与运动,并且遵循循序渐进、持之以恒的原则。

(2)不是减重速度越快越好,要适度,通常,每个月减重2~4千克较为适宜。

(3)肥胖症患者在康复运动过程中,还要控制好饮食,脂肪、糖类食物的摄入量要适宜,保证平衡膳食,有效避免营养不良、代谢紊乱等副作用的产生。

参考文献

[1] 张新萍,屈萍. 体适能提升与健康促进 [M]. 广州：中山大学出版社,2020.

[2] 陈培友. 青少年体力活动促进模式与实证 [M]. 南京：南京师范大学出版社,2018.

[3] 王健,何玉秀. 健康体适能 [M]. 北京：高等教育出版社,2010.

[4] 沈剑威,阮伯仁. 体适能基础理论 [M]. 北京：人民体育出版社,2008.

[5] 赵曼芩. 中学教师健康体适能与锻炼状况实证研究 [D]. 苏州：苏州大学,2016.

[6] 谭成清,李艳翎. 体能训练 [M]. 长沙：湖南师范大学出版社,2012.

[7] 刘星亮. 体质健康概论 [M]. 武汉：中国地质大学出版社,2010.

[8] 关辉. 体育运动处方及应用 [M]. 北京：北京师范大学出版社,2010.

[9] 沈勋章. 全民健身处方大全 [M]. 上海：上海科学技术文献出版社,2002.

[10] 韩梦梦. 健康体适能引入健美操教学中的实验研究 [D]. 大庆：东北石油大学,2019.

[11] 杨太吉. 论体质与健康体适能概念及关系 [J]. 当代体育科技,2018,8（16）：178-179.

[12] 李月红,汪辉. 体能、体质、健康概念、范畴及其关系研究

[J].考试周刊,2009（27）：176-177.

[13] 肖夕君.体质、健康和体适能的概念及关系[J].中国临床康复,2006（20）：146-148.

[14] 陈华卫,吴雪萍.体质健康知识促进青少年体力活动的角色、价值与路径[J].中国体育科技,2020（56）：1-8.

[15] 陈昂.儿童体力活动动机研究的10大问题[J].北京体育大学学报,2015,38（5）：1-7.

[16] 高庆勇.青少年体力活动水平与健康相关生活质量的logistic回归分析——基于期望价值模型的视角[J].体育成人教育学刊,2019,35（6）：34-40+49.

[17] 刘朝辉.体育锻炼对大学生负性情绪的影响——自我效能感与心理韧性的中介和调节作用[J].体育学刊,2020,27（5）：102-108.

[18] 杨佩军,田建中.健康促进中健康相关行为改变的基本理论[J].皮肤病与性病,1999,21（3）：1-3.

[19] 季浏.我国《普通高中体育与健康课程标准(2017年版)》解读[J].体育科学,2018,38（2）：3-20.

[20] 张河川,郭思智.大学生锻炼行为与相关知识、态度、自我效能的研究[J].中国行为医学科学,2001,10（2）：133-135.

[21] 阳家鹏,徐佶.体育锻炼态度对青少年有氧体适能的影响——体育锻炼行为的中介作用[J].广州体育学院学报,2016,36（1）：91-94.

[22] 章建成,平杰,任杰等.中、小学学生体质健康教育模式的构建及干预策略分析[J].体育科学,2012,32（12）：15-19.

[23] 方敏.基于计划行为理论拓展模型的青少年锻炼行为研究[J].武汉体育学院学报,2011,45（4）：52-56.

[24] 熊明生,刘皓云.锻炼知识宣讲影响大学生锻炼动机的实验研究[J].武汉体育学院学报,2013,47（7）：75-78.

[25] Bandura, A. Self-efficacy: The exercise of control [M]. New York: Freeman, 1997: 168.

[26]Senlin Chen, Ang chen, Haichun Sun, Xihe Zhu. Physical activity and fitness knowledge learning in physical education: Seeking a common ground [J]. European Physical Education Review, 2013 (6): 1-15.

[27]Skip M. Williams, Dan Phelps, Kelly R. Laurson, David Q. Thomas, Dale D. Brown. Fitness knowledge, cardiorespiratory endurance and body composition of high school students [J]. Biomedical Human Kinetics, 2013 (5): 17-21.

[28]Ennis, C. D. On their own: preparing students for a lifetime: Students will appreciate activity if they understand its usefulness, acquire the necessary skills and knowledge, and enjoy their lessons [J]. The Journal of Physical Education, Recreation, & Dance, 2010 (81): 5-12.

[29]Dilorenzo, T. M., Stucky-Ropp, R. C., Vander Wal, J. S., & Gotham, H. J. Determinants of exercise among children: A longitudinal analysis [J]. Preventive Medicine, 1998, 27 (3): 470–477.

[30]Thompson, A., &Hannon, J.C.Health-related fitness knowledge and physical activity of high school students [J]. Research Quarterly for Exercise and Sport, 2010, 81 (1S): 75.

[31]Timothy A. Brusseau, Ryan D. Burns, James C. Hannon. Effect of Body Composition, Physical Activity, and AerobicFitness on the Physical Activity and Fitness Knowledge of At-Risk Inner-City Children [J]. The Physical Educator, 2016, 73 (4): 745-756.

[32]Williams S M, Phelps D, Laurson K R, et al. Fitness knowledge, cardiorespiratory endurance and body composition of high school students[J]. Biomedical Human Kinetics, 2013, 5 (1): 17-21.

[33]Hastle, Peter A. Chen, Senlin, Guarino, Anthony J.

Health-Related Fitness Knowledge Development through Project-Based Learning [J]. Journal of Teaching in Physical Education, 2017, 36(1): 119-125.

[34]RAJIV N. RIMAL. Longitudinal Influences of Knowledge and Selfefficacy on Exercise Behavior: Tests of a Mutual Reinforcement Model [J]. Journal of Health Psychology, 2001, 6(1): 31-46.